本书系2016年度安徽省高校人文社会科学
重点研究项目“当代大学教师学术品格培养策略研究”
（SK2016A0829）的研究成果

当代中国大学教师学术人格研究

A study on the academic personality of contemporary Chinese University Teachers

刘晨光 著

上海三联书店

目 录

导　论

一、选题缘由与研究意义

（一）选题缘由

现代意义的大学自诞生以来，即与“高深知识”有着千丝万缕的联系。伯顿·R.克拉克在《高等教育系统——学术组织的跨国研究》中指出，大学即“控制高深知识和方法的社会机构”[①]、“知识材料，尤其是高深的知识材料，处于任何高等教育系统的目的和实质的核心”[②]、“它的基本材料在很大程度上构成各民族中比较深奥的那部分文化的高深思想和有关技能”[③]。普西认为：“每一个较大规模的现代社会，无论它的政治、经济或宗教制度是什么类型的，都需要建立一个机构来传递深奥的知识，分析、批判现存的知识，并探索新的学问领域。换言之，凡是需要人们进行理智分析、鉴别、阐述或关注的地

---

① ［美］伯顿·R.克拉克：《高等教育系统——学术组织的跨国研究》，王承绪等译，杭州大学出版社 1994 年版，第 11 页。

② ［美］伯顿·R.克拉克：《高等教育系统——学术组织的跨国研究》，王承绪等译，杭州大学出版社 1994 年版，第 12 页。

③ ［美］伯顿·R.克拉克：《高等教育系统——学术组织的跨国研究》，王承绪等译，杭州大学出版社 1994 年版，第 11 页。

方，那里就会有大学。”[①]事实也是如此，大学是“高深知识”的大本营。所谓“高深知识”，就是必须通过学术研究的方式获得的理性知识，而非凭借经验就能轻易获得的经验性认知。所谓学术研究，就是以事实和实践为基础，将从中得出的认知予以理论化、系统化、逻辑化，揭示出其内在的原理、根据及彼此间的相互关系。由此可见，“高深知识”正是以学术研究的方式展开的。

学术研究承担着探寻高深知识的使命，从事学术研究就必须遵循获得高深知识的必然之道，即高深知识得以向人们敞开和显现的诸多条件，诸如：学术自由，不得将知识领域列为研究的禁区；学术忠诚，不得扭曲事实、歪曲逻辑；学术中立，不得预设立场、心怀偏见；学术本位，不得将学术作为权宜之计；学术自律，不得搞学术腐败……一旦这些条件内化于从事学术研究者的身上，即学术研究者将这些条件作为自己从事学术研究的须臾不可分离、不可动摇的原则的时候，这些条件就成为从事学术研究以获得高深知识的人的学术人格。因此，学术人格与学术研究即高深知识的获得密切相关，互为表里。

反观当下中国高校的学术研究，虽然较之以往取得了长足的进步，但是问题也非常突出，“学术功利化、权力化、短期化、平庸化以及抄袭、造假和腐败等违背学术道德的现象随之而来”[②]。这些问题的存在，破坏学术公正、阻碍学术健康发展，使得学术研究呈现出浮躁、滥竽充数、重量不重质的局面。这一切虚耗个人心力、浪费社会公共资源，最终透过社会败坏社会风气、荼毒公序良俗。由此可见，学术研究中存在的诸如此类的问题，不但影响着学术自身的健康发展，而

---

① [美]约翰·S.布鲁贝克：《高等教育哲学》，王承绪等译，浙江教育出版社2002年版，第13页。

② 张世明：《论学术兴趣之于学术研究的价值》，《淮北师范大学学报(哲学社会科学版)》2013年第1期。

且影响着社会的健康发展，亟需重视。总之，上述问题的解决应当立足于中国大学教师学术人格的提升，这就是本研究因应和基于的缘由所在。

（二）研究意义

1. 理论意义

大学教师学术人格的研究至少包含两个向度的理论，即大学教师发展理论和学术发展理论。潘懋元先生认为："大学教师发展的内涵非常丰富，总的来说，至少应该包括三个方面：一是学术水平的提高，主要指学科基础理论、学科理论以及跨学科知识面的拓展；二是教师职业知识、技能的提高；三是师德的提升，这不仅是指教师作为学者所必需的学术道德的提升，而且还包括教师本身所必须具有的职业道德的提升"①，大学教师发展"着重从教师主体性出发，强调教师自我要求达到某种目标"。② 而大学教师学术人格研究正是从教师的主体性出发，探讨大学教师在从事学术研究活动中具备和体现出来的，以获得增量知识和方法为目标且与目标之间存在必然关系的稳定的内在品质。从这种角度来说，研究大学教师的学术人格，必然有助于丰富和深化教师发展理论。另一方面，学术人格的基本规定即学术自由、学术忠诚、学术中立、学术责任、"为学术而学术"等，是应学术宗旨的要求而产生的，学术人格的使命就是实现学术宗旨即追求真理，学术人格是学术发展、知识进步的重要动力。从这种角度来说，研究大学教师的学术人格，必然有助于丰富和深化学术发展理论。

2. 实践意义

第一，研究大学教师的学术人格有助于大学教师的自身发展。

---

① 潘懋元：《新编高等教育学》，北京师范大学出版社 2009 年版，第 139 页。
② 潘懋元：《新编高等教育学》，北京师范大学出版社 2009 年版，第 139 页。

人的发展,包括人格的不断提升和健全。人格既有普遍性人格,也有群体性或者职业性人格。学术人格是从事学术研究的大学教师的完整人格的重要组成部分,是大学教师自身发展的重要环节。因此,研究大学教师的学术人格,必然有助于促进大学教师的自身发展。

第二,研究大学教师的学术人格有助于学术研究的健康发展。

任何事物的发展,都是诸多要素构成的系统相互促进的结果。学术研究的发展,也是如此。在促进学术发展的诸多要素中,学术人格是学术发展最直接、最核心的因素。之所以如此,是因为:其一,有什么样的学术人格,就会造就什么样的学术研究;其二,学术人格直接制约乃至决定着其他因素的解决;其三,学术人格之外的其他因素都是通过学术人格发挥作用的。因此,研究大学教师的学术人格,必然有助于促进学术研究的健康发展。

第三,研究大学教师的学术人格有助于社会文明的整体进步。

知识是社会文明前进的重要动力,学术研究是知识进步的重要动力,学术人格是学术研究进步的重要动力,大学教师是学术研究的主力军,因此,研究大学教师的学术人格,必然有助于社会文明的整体进步。

二、研究现状与研究方法

(一) 研究现状

大学教师学术人格的相关研究视角颇多,但缺乏系统性、理论性、逻辑性,具体表现在:其一,学术人格研究零散地见于国内外教育家、哲学家、社会学家的著作中,但至今仍未有大学教师学术人格研究的专著问世;其二,通过中国知网,以“学术人格”为关键词在篇名分类中进行期刊检索,截至2017年3月,针对学术人格进行研究的文章总计105篇左右,而针对大学教师学术人格进行研究的文章只有5篇:《当代大学教师学术人格探析》(陈金凤、杨德广,高等教育研究,2009/11)、《大学教师的学术人格》(孙绵涛,教师教育学报,

2014 年第 1 期)、《高山景行　润物无声——论大学教师人格的作用及内涵》(周莹,广西大学学报,2005 年第 S1 期)、《高校教师的人格修养与学术品格刍议》(王亚光,教育教学论坛,2013 年第 25 期)、《教授的人格与大学的学术权力》(何小英、邹长城、朱可可,南华大学学报(社会科学版),2006 年第 03 期);其三,以学术人格为题的硕士论文 0 篇,以学术人格为题的博士论文只有 2 篇,其中,以大学教师学术人格为题的博士论文 1 篇——《当代大学教师学术人格探论——基于大学教师社会使命的视角》(陈金凤,西南大学,2010),与大学教师学术人格相关的博士论文 1 篇——《论大学学者的独立人格——从人的独立到学的独立》(刘晶,湖南师范大学,2012)。

针对学术人格或者大学教师学术人格的研究成果中,有一定分量或者说相对系统而深入研究的是上面提到的两篇博士论文,所以这里重点介绍上面两篇博士论文的主要研究内容。

陈金凤的博士论文《当代大学教师学术人格探论——基于大学教师社会使命的视角》的主要研究内容为:(1)通过对当代大学教师学术人格现状与社会预期对比,进行个案研究与社会调查分析和反思;(2)从大学思想史的角度梳理大学教师学术人格嬗变的脉络,分析当代大学教师学术人格异化的现象;(3)立足于当代大学教师社会使命,提出当代大学教师学术人格的重塑,应坚持适应与超越相统一、出世精神与入世精神相统一、文化政治认同与技术认同相统一、经典性与时代性相统一、价值性与工具性相统一、非功利性与革命功利性相统一、学术性与服务性相统一。

刘晶的博士论文《论大学学者的独立人格——从人的独立到学的独立》的主要研究内容为:(1)大学学者的独立人格是双重独立的集合:人的独立——思想自由的个体与学的独立——从认识论到方法论的独立;(2)大学学者独立人格的存在意义:学者安身立命的根本、大学学术自由的前提、社会创新发展的来源;(3)大学学者独立人格生成的四个向度：历史的生成——自然走向自觉，文化的生成——自由催生出的独立意识，制度的生成——规则的约束与鼓励，心理的生成——对个人独立的心理认知；(4)独立人格何以可能：内在的修为——再谈启蒙；外在的规范——制度养成。

（二）研究方法

1. 文献研究法

文献的搜集、整理与分析是进行大学教师学术人格研究的条件与基础。文献研究能够有效地把握相关的科研动态、前沿进展，全面了解国内外专家、学者已经取得的成果及研究现状，更重要的是站在巨人的肩膀上，有助于科学、有效、少走弯路地进行研究创新。

2. 历史研究法

以史为鉴，通过搜集、整理学术人格的研究成果，客观、系统地分析学术人格的理论基础，为正确研判大学教师学术人格的研究动态及发展趋势提供基本的理论框架，进而实现大学教师学术人格的提升。

3. 整体研究法

笔者不仅从事高等教育研究，同时亦有大学工作经历，这宝贵的经历与体验不仅是本研究选题的关键，亦为深入研究提供了条件。本研究运用归纳与演绎、分析与综合、抽象与概括等方法，通过收集大学教师学术人格发展状况的相关资料，进行整体性探究，去粗取精、去伪存真、由此及彼、由表及里，对收集的相关资料进行思维加工，分析当代中国大学教师学术人格发展的现状，为进一步研究或决策提供依据。

三、主要目标与整体框架

（一）主要目标

《当代中国大学教师学术人格研究》的主要目标是阐明学术人格

的基本规定与价值，分析当代中国大学教师学术人格的状况，针对当代中国大学教师学术人格存在的问题，探寻当代中国大学教师学术人格提升的实现路径。

（二）整体框架

研究的整体框架主要由五章构成，每章的重点内容如下：

第一章，基本概念界定。本章主要对大学教师、学术和学术人格等概念进行界定。只有界定这些概念，整个论文的写作才能做到思路清晰、有的放矢。因此，本章是研究的基础性、前提性部分。

第二章，西方主要学术人格思想梳理。近现代学术的发达兴于西方，将学术与人格结合起来探讨学术与人格关系的思想源于西方，因此，西方学者关于学术人格的思想就成为学术人格研究的理论来源。为此，本章重点介绍西方五位学者——费希特、纽曼、韦伯、雅斯贝尔斯、博克关于学术人格的思想。因此，本章也是研究的基础性、前提性部分。

第三章，学术人格的基本规定与价值。从本章到最后一章，属于研究的主体部分。只有阐明学术人格的基本规定，才能正确分析当代学术人格的状况；只有认识到学术人格的价值，才能为复兴学术人格获得动力。因此，本章又是以后各章的理论基础。

第四章，当代中国大学教师学术人格状况。当代中国大学教师的学术人格从总体上说是积极进取的，但也存在着学术浮躁、学术不端、学术腐败、学术异化等问题，对问题的表现、后果与原因的深刻认识和重点分析，有助于问题的解决。因此，本章是研究的重点部分，是研究解决的主要问题。

第五章，当代中国大学教师学术人格提升路径。本章是研究的落脚点即核心目的。研究的核心目的就是为解决当代中国大学教师学术人格存在的问题，促进学术的健康发展，为大学教师学术人格的提升提供深度的、系统的、严谨的理论方案。

第一章 基本概念界定

一、大学教师

大学教师似乎是一个指向非常明确的概念，那就是大学里的教师。但实际上大学教师的指向并不是那么明确，相反是存在弹性的，即在不同人的心目中，大学教师的具体指向或者说范围是不一样的。这种情况是由两个方面的原因引起的：

其一，是对大学的理解不同引起的。笼统地讲，大学是指从事教学与研究，或者说从事高等人才培养与高深知识发现的高级机构。但是究竟高到什么程度才算大学，人们的理解就出现了分歧。一种理解是凡高级中学或中等专科以上的学校，都是大学；另一种理解是只有这些学校中具有较大规模、较高层次的综合性院校才是大学。如果按照《中华人民共和国高等教育法》的规定，后者比前者对大学的理解更为接近，因为该法第 68 条是这样规定的："高等学校是指大学、独立设置的学院和高等专科学校，其中包括高等职业学校和成人高等学校。"显然，并非所有的高等学校即高级中学或中等专科以上的学校都是大学。但不管官方的文件或者法律如何规定，人们都有权对大学持有个人的判断标准。正因为如此，人们对什么样的学校是大学的理解是不同的。对什么样的学校是大学的理解不同，自然会导致人们对大学教师的指向、范围的理解差异。

其二,是对大学教师的职责定位不同引起的。大学教师是一种社会角色。一种社会角色之所以为一种社会角色,是由该角色所从事活动的性质或类别决定的。因此,究竟如何界定大学教师的指向、范围,除了他必须属于大学员工这一前提条件之外,关键是看我们将把什么样的活动归之于大学教师。恰巧在这个问题上,也存在争议。比如,有的人将大学中除了工勤人员之外的所有员工都视为大学教师,但有的人只将从事教学和科研工作的员工视为大学教师。

笔者认为,从大学发展的历史来看,大学之为大学的标准并不是规模的大小、专业的多少,而是知识层次的高低、学问水平的深浅、研究能力的强弱、生源质量的优劣、社会影响的大小。因此,笔者倾向于将具有相对优势的专业、相对优秀的教学与研究人员、相对优秀的生源的高等学校称作大学。简言之,对大学的界定标准是以纵向的水平为标准,而非以横向的数量、规模为标准。

在界定了大学的标准之后,再界定大学教师。伯顿·R. 克拉克在《高等教育系统——学术组织的跨国研究》中指出:"如果说木匠的工作就是手拿榔头敲打钉子的话,那么教授的工作就是围绕一组一般的或特殊的知识,寻找方式扩大它或把它传授给他人。不管我们的定义是广义的还是狭义的,知识就是材料。研究和教学是主要的技术。"[①]克拉克的这段阐述清晰地表明大学教师自身的特殊性,即大学教师是大学机构中的可靠学者,他们以传授和发现高深知识为职责,是从事学术活动的特殊群体。大学教师自身的特殊性又决定了这一群体在承担学术责任方面的特殊性,即服从真理的标准,超越狭隘的专业束缚,具有独立的精神和自由的思想,关注、关心社会问题,具有强烈的社会情怀和批判反思能力。换句话说,大学教师是大学

---

① [美]伯顿·R. 克拉克:《高等教育系统——学术组织的跨国研究》,王承绪等译,杭州大学出版社 1994 年版,第 12 页。

机构中的可靠学者，因为他曾经能够学习而被选择来从事教学和科学研究，从某种角度来说，大学教师对高深知识的传授与发现“不仅出于闲逸的好奇精神，更为重要的是这种探讨对国家进步与社会发展产生深远的影响”。[①] 本书中研究的大学教师，就是名副其实意义上的大学教师，而非一种宽泛的、约定俗成的称呼。由于本书研究的主题是大学教师的学术人格，因此书中的大学教师专指从事学术研究的大学教师，即把学术研究作为自己终身的职业或者事业，把学术研究作为实现自我、实现人生价值的重要形式，而非为一时权宜之计的大学教师。因此，在大学中单纯从事教学工作、不从事学术研究工作或者不将学术研究作为自己终身职业或者事业的大学教师，则不在本书的研究范围之内。

二、学术与学术研究

学术一词并非舶来词，而是中国古代汉语中早已存在的词汇。《礼记·乡饮酒义》中记载：“德也者，得于身也。故曰：古之学术道者，将以得身也。”这段话中的“学术道者”是指学习术道(术与道是并列的名词)的人。《史记·老子韩非列传》：“申不害者，京人也，故郑之贱臣。学术以干韩昭侯。”《史记·张仪列传》：“始尝与苏秦俱事鬼谷先生，学术，苏秦自以不及张仪。”其中也有类似的记载，这里的学术是指学习某种术。在后来的使用和演变中，出现了另外一种情况：梁启超在《学与术》中指出：“学者术之体，术者学之用。二者如辅车相依而不可离。”“学也者，观察事物而发明其真理者也；术也者，取所发明之真理而致诸用者也。”[②]严复在翻译亚当·斯密的《原富》(《国富论》)的按语中指出：“盖学与术异。学者考自然之理，立必然之例；

---

① 贺国庆、王保星、朱文富：《外国高等教育史》，人民教育出版社2006年版，第238页。

② 梁启超：《清代学术概论》，中国人民大学出版社2004年版，第271页。

术者据既知之理，求可成之功。学主知，术主行。”这两种解释既指出了“学”与“术”的内在联系，又指出了“学”与“术”的不同，“学”指学理、学说，“术”指方法、技术。

今天，人们在使用“学术”一词时，是将“学术”等同于学问、科学、高深知识等。《辞海》对学术的解释：“学术指较为专门、有系统的学问。”[①]各级各类的现代汉语词典，也是将学术视作学问、学识、学说，一言以蔽之，仅仅视作知识。这既与中国的传统有关，也与西方的影响有关。李伯重教授通过对《牛津高阶英汉双解辞典》《剑桥国际英语辞典》《美国传统辞典》中“学术”（英文）的解释进行比对之后，指出：“所谓学术工作，就是由受过正规教育并在大学中工作的学者所进行的非实用性的研究工作。因此，在欧洲的传统中，学术是由受过专业训练的人在具备专业条件的环境中进行非实用性的探索。”[②]显然西方语境的学术也是类似的表述。

不管“学术”一词曾有过哪些内涵，发生了怎样的演变，对于本书来说，应该如何看待学术，或者说应该赋予学术一词以什么样的内涵比较合适，这才是最有意义的。本书的“学术”是在学术研究的意义上使用的，就当今的学术而言，“学”是指关于事物的存在状况和运动规律的学说与原理，对事物的存在状况和运动规律的认识——学说与原理，就是知识；“术”是指根据对事物的存在状况和运动规律的认识，获得的控制和改造事物的方法。因此，学的核心是知识，术的核心是方法。简单地说，学术研究就是指以获得知识和方法为目标的研究。这里的研究应该包含以下几个方面：

第一，研究必须以知识和方法上的增量为目标，否则，就谈不上研究。从这种意义上说，单纯地以掌握已有知识和方法为目标的活

---

① 辞书编辑委员会：《辞海下（第六版普及本）》，上海辞书出版社 2010 年版，第 4506 页。
② 李伯重：《论学术与学术标准》，《社会科学论坛》2005 年第三期。

动不能称之为研究。

第二,研究必须是在反复思考或试验活动之后获得的新的知识或方法,否则,也谈不上研究。从这种意义上说,没有通过反复思考或试验而获得的某种新的知识或方法的偶发活动不能称之为研究。

第三,通过研究所获得的知识和方法必须具有相应的学理基础,否则也谈不上研究。研究之为研究,就在于它的结论总是建立在一定的学理基础之上,即它必须给结论提供合乎逻辑的解释,研究之为研究,就在于向人们提供关于某一事物的"究竟"即原因。简言之,所谓学理,就是不但"知其然",而且"知其所以然"。

综上所述,学术研究就是指通过反复思考或试验,以获得增量知识或方法为目标的,且能够提供学理性解释的人类活动。

三、人格与学术人格

如果说人格一词对应的是西方的 personality,与人格相近的品格一词对应的是西方的 character,那么无论是中国还是西方,很早都出现了关于人格、品格的理论,因为人格、品格的理论实质上就是关于人的理论,或者说是关于人的理论的重要内容之一。而关于人的理论,无论是中国还是西方都出现得非常早,只是到了近现代,西方的人格、品格理论,才居于了主导地位。

人格的概念有广义与狭义之分。狭义上的人格,就是通常所说的决定人之为人的道德人格。因为在最狭义的意义上讲,只有道德才是"人"与动物的真正区别,才是人之为人的内在规定,道德人格是"人"与动物区别的真正所在。关于道德人格,中国伦理史极为发达,对君子人格的讨论最为典型。广义上的人格,包括任何一种决定自己身心状态和行为的具有相对稳定性的内在特质,而不单单是道德人格,道德人格只是众多人格类型的其中一种。因此,广义的人格既包括自然人格,又包括社会人格。所谓自然人格是指先天的与人的生理或者基因相伴而来的品质；所谓社会人格是指后天的在社会交往和实践中形成的人格。当然，自然人格几乎都打上了后天的、社会的烙印，因此很少有纯粹的自然人格，正如纽曼所言："这些品质有时的确是一种天赋，但若不付出巨大的努力和多年的锻炼，通常是难以获得的。"[①]因此，我们通常还是从社会人格的视角使用人格一词的。关于广义的人格，西方的人格理论非常发达，诸如：人格特质理论、精神分析人格理论、人格学习理论、现象学人格理论、人格类型理论、积极人格理论、奥尔伯特人格理论，等等。对具体的西方人格理论，不再作一一介绍，因为这些具体的人格理论不在本书的范畴之内。

所谓学术人格，并不能简单的理解为"学术"的"人格"，而是指从事学术活动的人所具备的并在学术活动中体现出的人格。结合学术研究和人格的概念，可以将学术人格理解为：从事学术研究的人在学术研究活动中具备和体现出来的，以获得增量知识和方法为目标且与目标之间存在必然关系的稳定的内在品质。这个定义的核心为究竟什么样的人格属于学术人格确立了一个标准，而不是泛泛地任意地在模棱两可之中凭借感觉印象来判定哪些人格属于学术人格。这个标准就是凡是有助于实现学术研究的直接目标——获得增量知识与方法的人的内在品质，都是学术人格。比如，学术研究既然以获得增量知识和方法为直接目标，那么求真或者说坚持真理，就是一项不可或缺的学术人格，因为知识和方法本身就意味着真，因此如果一个人不具有求真或坚持真理的品质，那么就与学术研究的直接目标——获得增量的知识和方法背道而驰。可见，究竟什么样的人格属于学术人格，就要看哪些人格有助于学术研究直接目标——获得增量知识与方法的实现。

---

① [英]约翰·亨利·纽曼：《大学的理想（节本）》，徐辉等译，浙江教育出版社 2001 年版，第 7 页。

需要强调的是，学术人格包含道德人格，但不等同于道德人格。既然学术人格是指有助于学术研究直接目标得以实现的人格，那么就不能单单指道德人格，因为有助于学术研究直接目标得以实现的人格不唯道德人格，其他有些非道德性的人格也有助于学术研究直接目标的实现，甚至说，学术研究直接目标是否能够实现根本离不开有些非道德性的人格。比如，顽强、勇敢、不怕困难、不怕失败、机敏、悟性高，这样的人格就不具有道德性，我们不能说一个人懦弱胆小、笨拙愚钝，就是不道德的。但这些不具有道德性的人格对学术研究来说却是非常珍贵和不可或缺的。因此，不能将学术人格与道德人格划等号。只能说学术人格中包含着道德人格，但不止于道德人格。当然，这并不排除我们可以在狭义的意义上使用学术人格，即用学术人格单指学术研究中应当遵守的道德人格，但这是另外一回事。

最后，需要说明的是，从事学术研究活动的人同样可以做广义和狭义的理解。从广义上说，所有将学术研究作为自己终身的职业或者事业，把学术研究作为实现自我、实现人生价值的重要形式的人，都是学者。从狭义上说，只有那些在学术研究上取得一定成就、享有一定威望的人，才称之为学者。不管我们在现实生活中如何使用学者这一词语，但对于学术人格的研究来说，应是针对所有从事学术研究的人，而非仅仅针对后者。因此，本书中涉及的学术人格不仅仅适用于从事学术研究的大学教师，而是适用于一切从事学术研究的广义意义上的学者。在谈及学术人格的主体时，笔者将根据情况使用学者（学术研究者）或大学教师，而不必处处使用大学教师，因为当在广义上使用学者一词时，已经包含了从事学术研究的大学教师。

第二章　西方主要学术人格思想梳理

在梳理西方主要学术人格思想之前，理应首先介绍中国古代主要的学术人格思想。中国古代的确存在着可以作为学术人格的思想资源。诸如，“博学之，审问之，慎思之，明辨之，笃行之。”[①]“唯天下至诚，为能尽其性。能尽其性，则能尽人之性。能尽人之性，则能尽物之性。”[②]“朝闻道，夕死可矣。”[③]“知之者，不如好之者；好之者，不如乐之者。”[④]“古之学者为己，今之学者为人。”[⑤]“自得，自成，自道，不倚师友载籍。自立自重，不可随人脚跟，学人言语。”[⑥]“不能究极之，勿言学也。”[⑦]“学问之道，以各人自用得著者为真，凡倚门傍户、依样葫芦者，非流俗之士，则经生之业也。此编所列，有一偏之见，有相反之论，学者于其不同之处，正宜著眼理会，所谓一本万殊也，以水济水岂是学问？”[⑧]“立言但论是非，不论异同。是则一二人之见不可易也，非则虽千万人所同不随声也。岂惟千万人，虽百千年同迷之局，我辈

---

① 《礼记·中庸》。
② 《礼记·中庸》。
③ 《论语·里仁》。
④ 《论语·雍也》。
⑤ 《论语·宪问》。
⑥ 陆九渊：《象山先生全集》卷三五《语录》。
⑦ 唐甄：《潜书·自明》。
⑧ 黄宗羲：《明儒学案·凡例》。

亦当以先觉觉后觉，不必附和雷同也。”[1]这些见解包含着热爱学术、独立思考、实事求是、坚持真理、勇于创新、追根究底等宝贵的学术人格。但遗憾的是，被称为中国历史上至圣先师的孔子，却强调“述而不作，信而好古”[2]。具体地说，孔子强调的是学习和继承，而非研究和创新。因此，孔子的治学在主导思想上不是学术研究和创新，而是学术编纂、诠释、继承和教化。孔子“述而不作，信而好古”的思想严重束缚了后世的知识分子，使得中国后世在研究的意义上即在具有增量或者创新的意义上的学术，不是很发达。关于学术研究的思想、关于学术研究中的人格思想，更不发达。另外，孔子及其之后的中国知识分子，在“学”上侧重的是伦理道德，“大学之道，在明明德，在亲民，在止于至善”[3]。在“术”上侧重的是军事政治，“学成文武艺，货与帝王家”。这使得中国古代的学术与今天我们所讲的学术相比较，存在明显的偏颇。更重要的是，学术的真正发达始于近现代的西方，关于学术人格的话语系统也主要来自近现代的西方。因此，本章重点介绍近现代西方的主要学术人格思想。

一、约翰·戈特利布·费希特的学术人格思想

约翰·戈特利布·费希特(Johann Gottlieb Fichte，1762—1814)，德国著名哲学家。费希特关于学术人格的思想主要见于其著作《论学者的使命 人的使命》。费希特的学术人格思想主要表现在以下几个方面：

第一，学者要有强烈的使命感、责任感。

费希特秉承康德的道德哲学思想，认为人自身就是自己的目的，

---

① 颜元：《颜习斋先生言行录》卷下《学问》第二十。

②《论语·述而》。

③《礼记·大学》。

“既然人确实有理性，所以他就是他自己的目的……为他自己而存在的这种特性，就是他的特性或他的使命。”[①]既然人自身就是自己的目的，那么“每个人的使命就是尽可能地发挥自己的一切天资”[②]。简言之，一个人应当充分地发展和实现自己。但是人的发展和实现又必须保持彼此的协调，使所有人的天资得到平等的发展，这就需要有一部分人为人的发展提供所需要的知识，费希特认为这正是学者的使命，而完成这个使命本身也是在实现学者自身的发展。这是费希特关于学者的使命的核心。费希特关于学者使命的具体表述很多，诸如：

> 获得所有这些知识的目的已如上述，即借助于这些知识，保障人类的全部天资得到同等的、持续而又进步的发展。由此，就产生了学者阶层的真正使命：高度注视人类一般的实际发展进程，并经常促进这种发展进程。[③]
>
> 学者的使命主要是为社会服务，因为他是学者，所以他比任何一个阶层都更能真正通过社会而存在，为社会而存在。因此，学者特别担负着这样一个职责：优先地、充分地发展他本身的社会才能、敏感性和传授技能。……传授技能总是学者所必需具备的，因为他掌握知识不是为了自己，而是为了社会。[④]
>
> 学者现在应当把自己为社会而获得的知识，真正用于造福

---

① [德]费希特：《论学者的使命　人的使命》，梁志学、沈真译，商务印书馆 1984 年版，第 7—8 页。

② [德]费希特：《论学者的使命　人的使命》，梁志学、沈真译，商务印书馆 1984 年版，第 38 页。

③ [德]费希特：《论学者的使命　人的使命》，梁志学、沈真译，商务印书馆 1984 年版，第 41 页。

④ [德]费希特：《论学者的使命　人的使命》，梁志学、沈真译，商务印书馆 1984 年版，第 43 页。

> 社会。他应当使人们具有一种真正需求的感觉，并向他们介绍满足这些需求的手段。①
>
> 我认为人类的使命在于促进文化的不断进步，在于使人类的一切天资和需求获得同等的不断发展；在人类社会里我赋予研究这种进步和同等发展的阶层，以很光荣的地位。②

总之，学者的使命是：通过发展自己的才能，促进人类文化的进步，促进所有人的天资得到同等而持续的发展；洞察和满足人们的需求，服务社会，造福社会，为社会而存在。

第二，学者要追求、坚持和捍卫真理，绝不能违反、背叛和抛弃真理。

费希特认为：发展和实现自己是每个人的使命，但发展和实现自己必须建立在理性的基础之上，换言之，必须以知识为前提；学者就是为人的发展和实现提供所需要的知识，这正是学者的使命；而真理是知识的代名词，因此如果说学者的使命在于获得知识，那么也可以说学者的使命在于追求真理。由此费希特强调，学者要追求、坚持和捍卫真理，绝不能违反、背叛和抛弃真理。对此，费希特做了许多热情洋溢、慷慨激昂的演说：

> 作者在自己的研究中考虑的并不是某种东西令人喜欢或令人讨厌，而是这种东西是否合乎真理；他竭尽自己的所能，说出

---

① [德]费希特：《论学者的使命　人的使命》，梁志学、沈真译，商务印书馆 1984 年版，第 44 页。

② [德]费希特：《论学者的使命　人的使命》，梁志学、沈真译，商务印书馆 1984 年版，第 48—49 页。

了他凭自己的良知视为真理的东西。[①]

在哲学体系里恰好涉及到学者的使命这个概念，我能表示反对吗？我绝不会违背已知的真理。已知的真理永远是真理，谦虚也属于真理，如果违反了真理，谦虚就成了一种假谦虚。[②]

所有的人都有真理感，当然，仅仅有真理感还不够，它还必须予以阐明、检验和澄清，而这正是学者的任务。[③]

我的使命就是论证真理；我的生命和我的命运都微不足道；但我的生命的影响却无限伟大。我是真理的献身者；我为它服务；我必须为它承做一切，敢说敢作，忍受痛苦。[④]

第三，学者要有道德担当，要成为道德的楷模和榜样。

费希特秉承康德的道德思想，认为道德是最高的善，其他的一切都必须以服从道德的善为前提。因此，包括学者在内的任何人的使命都应当受道德的规定。

这种为一般社会的使命尽管出自人的本质中最深邃、最纯粹的地方，然而作为纯粹的意向，终究是服从于永远自相一致的最高规律或道德规律，而且必须通过后者进一步得到规定，被列为固定的规则；一旦我们发现这一规则，我们也就找到了社会的人的使命，而这种使命正是我们现在研究的目的，也是迄今所作

① [德]费希特：《论学者的使命　人的使命》，梁志学、沈真译，商务印书馆1984年版，第3页。
② [德]费希特：《论学者的使命　人的使命》，梁志学、沈真译，商务印书馆1984年版，第37页。
③ [德]费希特：《论学者的使命　人的使命》，梁志学、沈真译，商务印书馆1984年版，第44页。
④ [德]费希特：《论学者的使命　人的使命》，梁志学、沈真译，商务印书馆1984年版，第46页。

> 的一切考察的目的。[①]
>
> 在这里，我要明确指出，学者在这个事情上也和在他的所有事情上一样，是受道德规律支配的，这一规律显示着自相一致。[②]

在道德标准上，费希特也是秉承康德的道德思想，认为道德法则必须不能自相矛盾，而是能够适用于所有的理性存在者遵守。

> 然而这类自由行动，也像一切行动一样，一般是服从于道德规律的，因为道德规律是我们行为的调节者，或者说，这个自由行动服从于一项绝对命令，我把这项命令表达为：你切不可在你的意志规定的目标中陷入自相矛盾；用这种公式表达的规律任何人都可以遵循，因为我们的意志的规定根本不取决于自然界，而完全取决于我们自己。[③]

费希特认为，学者不但要遵守道德，而且应当是道德的楷模和榜样。

> 提高整个人类道德风尚是每一个人的最终目标，不仅是整个社会的最终目标，而且也是学者在社会中全部工作的最终目标。学者的职责就是永远树立这个最终目标，当他在社会上做一切事情时都要首先想到这个目标。……学者在一切文化方面都应当比其他阶层走在前面，他要做到这一点，必须花多少倍的

---

① [德]费希特：《论学者的使命　人的使命》，梁志学、沈真译，商务印书馆 1984 年版，第 20 页。

② [德]费希特：《论学者的使命　人的使命》，梁志学、沈真译，商务印书馆 1984 年版，第 45 页。

③ [德]费希特：《论学者的使命　人的使命》，梁志学、沈真译，商务印书馆 1984 年版，第 33 页。

力量啊！如果他在关系到全部文化的首要的和最高的方面落后了，他怎么能成为他终归应当成为的那种榜样呢？他又怎么能想象别人都在追随他的学说，而他却在别人眼前以自己生活中的每个行为同他的学说背道而驰呢？所以，学者从这最后方面看，应当成为他的时代道德最好的人，他应当代表他的时代可能达到的道德发展的最高水平。[①]

学者之所以要成为道德的楷模和榜样，就在于学者的使命和角色与众不同，“就我们迄今所阐明的学者概念来说，就学者的使命来说，学者就是人类的教师”[②]。“他不能要求人类刚刚瞥见那个目标，就一下子走到这个目标跟前，人类不能跳越过自己的道路。学者仅仅应当关心人类不要停顿和倒退。从这个意义上说，学者就是人类的教养员。”[③]既然学者是“人类的教师”“人类的教养员”，那么学者在道德上自然应当是楷模和榜样，否则何以做“人类的教师”“人类的教养员”？

第四，学者要有独立自主的自由精神

抽象地说，费希特之所以认为学者要有独立自主的自由精神，就在于费希特秉承康德的道德思想，认为理性即自由，因为理性意味着目的，没有目的就谈不上理性，而所谓自由就是按照自己的目的观念而非本能行事，“理性的、原始的、最初表现出来的，但纯粹消极的特性，就是合乎概念的行动，就是合乎目的的活动。凡是带有合目的性的特点的东西都可能有一个理性的首创者；凡是根本不适用合目的

---

① [德]费希特：《论学者的使命　人的使命》，梁志学、沈真译，商务印书馆 1984 年版，第 45—46 页。

② [德]费希特：《论学者的使命　人的使命》，梁志学、沈真译，商务印书馆 1984 年版，第 44 页。

③ [德]费希特：《论学者的使命　人的使命》，梁志学、沈真译，商务印书馆 1984 年版，第 45 页。

性概念的东西，当然不会有理性的首创者”[①]。因此，与自然/本能相比较，“自然也是按照必然规律，在它合乎目的地发生作用的地方发生作用的；理性则总是自由地发生作用的”[②]。而人是有理性的，学者更是有理性的，学术研究需要理性，理性又意味着自由，因此作为学者就必须要有独立自主的自由精神。

具体地说，费希特之所以认为学者要有独立自主的自由精神，就在于自由有利于人的天资的发挥，而人的天资的发挥有助于促进社会的进步，否则会导致相反的结果。因此，每一个人有权选择自己的发展领域，“人具有各种意向和天资，而每个人的使命就是尽可能地发挥自己的一切天资。……在这件事情上，绝不能预先给人作出规定，规定他应当完全直接在自然状态中发展自己的全部天资，或是间接通过社会发展这种天资，前一种规定是困难的，而且不能促使社会进步，因此，每一个个体都有权在社会中给自己选择一定的普遍发展的部门，而把其他部门留给社会的其他成员”[③]。说得再明确点，“谁也不可能完全了解别人的特别才干，一个社会成员往往由于安排不当而在社会上销声匿迹”[④]。这就是说，任何人不可能完全了解别人的才干，因此也就不能规定别人在某个方面的发展。对学者来说，则意味着不能人为地规定学者究竟从事哪方面的学术研究，否则会因为不能人尽其才而被作废，因此学术研究应当是自由的，相应地学者对此要有一种独立自主的自由意识和精神。

---

① [德]费希特：《论学者的使命 人的使命》，梁志学、沈真译，商务印书馆 1984 年版，第 17 页。

② [德]费希特：《论学者的使命 人的使命》，梁志学、沈真译，商务印书馆 1984 年版，第 17 页。

③ [德]费希特：《论学者的使命 人的使命》，梁志学、沈真译，商务印书馆 1984 年版，第 38 页。

④ [德]费希特：《论学者的使命 人的使命》，梁志学、沈真译，商务印书馆 1984 年版，第 33 页。

费希特认为，真正的自由精神，不但在于争取自己的自由，还在于尊重别人的自由，否则自己不可能得到真正的自由。

> 卢梭说，有人把自己看成是别人的主人，但他比别人还更是奴隶；卢梭似乎还可以说得更正确一些：任何把自己看作是别人的主人的人，他自己就是奴隶。即使他并非总是果真如此，他也毕竟确实具有奴隶的灵魂，并且在首次遇到奴役他的强者面前，他会卑躬屈膝。只有这样一种人才是自由的，这种人愿意使自己周围的一切都获得自由，而且通过某种影响，也真正使周围的一切都获得了自由，尽管这种影响的起因人们并不总是觉察到的。①

费希特之所以强调包括学者在内的所有的人都应当尊重他人的自由，也是秉承康德的道德哲学思想——人是目的而非仅仅是手段。既然人是目的而非仅仅是手段，那么人就应当自由地为自己设定以道德为前提的目的，否则自己就仅仅成了他人的手段。因此，一个以人为目的的社会，应当是一个以自由为原则的社会，其中的每个人都应当是自由的，任何人都不能强迫他人接受自己的观点和信念，包括学者。费希特对此的表述是：

> 学者影响着社会，而社会是基于自由概念的；社会及其每个成员都是自由的；学者只能用道德手段影响社会。学者不会受到诱惑，用强制手段、用体力去迫使人们接受他的信念，……社会的每一个体都应当根据自由选择，根据他认为最充足的信念

① [德]费希特：《论学者的使命 人的使命》，梁志学、沈真译，商务印书馆 1984 年版，第 21 页。

去行动；他在自己的每一个行动中都应当把自己当作目标，也应当被社会的每个成员看作这样的目标。谁受到欺骗，谁就是被当作单纯的手段。①

第五，学者要坚持不懈，永不止歇，努力争取走在其他一切阶层的前列。

费希特提出，“学者在一切文化方面都应当比其他阶层走在前面”②，这是因为，“他的进步决定着人类发展的一切其他领域的进步；他应该永远走在其他领域的前头，以便为他们开辟道路，研究这条道路，引导他们沿着这条道路前进；难道他就甘心落后吗？如果落后，他就从此不再是他所应当成为的人了；因为他不可能是别的什么人，所以他就会什么都不是了”③。需要指出的是，费希特并不是说学者必须时时刻刻在任何一个领域都必须走在前面，而是说学者应当有这样一个意识，应当向这样一个目标努力，“我不是说每个学者都应当使自己的学科真的有所进展；要是他做不到这一点呢？我是说，他应当尽力而为，发展他的学科”④。为此，学者要坚持不懈，永不止歇，“他不应当休息，在他未能使自己的学科有所进展以前，他不应当认为他已经完成了自己的职责。只要他活着，他就能够不断地推动学科前进；要是在他达到自己的目的之前，他遇到了死亡，那他就算对这个现象世界解脱了自己的职责，这时，他的严肃的愿望才算是完成

① [德]费希特：《论学者的使命　人的使命》，梁志学、沈真译，商务印书馆1984年版，第45页。

② [德]费希特：《论学者的使命　人的使命》，梁志学、沈真译，商务印书馆1984年版，第46页。

③ [德]费希特：《论学者的使命　人的使命》，梁志学、沈真译，商务印书馆1984年版，第42页。

④ [德]费希特：《论学者的使命　人的使命》，梁志学、沈真译，商务印书馆1984年版，第42—43页。

了。如果下列规则对所有人都有意义，那么它对学者来说就更具有特殊的意义，这个规则就是：学者要忘记他刚刚做了什么，要经常想到他还应当做些什么。谁要是不能随着他所走过的每一步而开阔他的活动的视野，谁就止步不前了”①。

二、约翰・亨利・纽曼的学术人格思想

约翰・亨利・纽曼((John Henry Newman，1801—1890)，英国著名神学家、教育家。纽曼的学术人格思想主要见其著作《大学的理想》。在这部著作中，集中体现了“知识本身即为目的”亦即“为知识而知识”这一理念。

严格意义上说，“为知识而知识”并非直接是纽曼的“学术”人格思想，因为纽曼认为，大学主要是教师传授知识，训练理智，将学生培养成为有教养的“绅士”即“良好公民”的地方，而非从事学术研究，特别是致力于发明创造，成为某一方面杰出人物的地方。在纽曼看来，后者是大学之外的其他机构的事情。对此，纽曼指出：“我们不能借口履行大学的使命，而把它引向不属于它本身的目标，因为我们马上可以想到，有许多其他机构比大学更适宜作为促进哲学探索和拓展知识界限的手段。”②“上述情况的性质和哲学史共同告诉我们，要在科学团体与大学之间进行智力方面的分工。发现和教学是两种迥异的职能，也是迥异的才能，并且同一个人兼备这两种才能的情形并不多见。整天忙于把自己现有知识传授给学生的人，也不可能有闲暇

---

① [德]费希特：《论学者的使命　人的使命》，梁志学、沈真译，商务印书馆 1984 年版，第 43 页。

② [英]约翰・亨利・纽曼：《大学的理想(节本)》，徐辉等译，浙江教育出版社 2001 年版，第 3 页。

和精力去获取新的知识。”①

但是,学习知识与学术研究不存在不可逾越的鸿沟,两者很容易相互逾越,学术研究本身就是探索和贡献知识的,对知识的学习和钻研又自然会走向学术研究,因此从纽曼的“为知识而知识”很容易引出“为学术而学术”。再者,学习知识的境界和从事学术研究的境界并无区分,因此不妨将纽曼的“为知识而知识”的思想也视作一种学术人格思想。

纽曼教育思想的核心是自由教育的思想,其自由教育思想的核心则是自由理智的培育。“可以说,自由教育从它本身来看,仅仅是对理智的培育。由此,它的目标也不外乎是理智的完美,这当然是完全可以理解的,也是我在这里要说的。”②理智的培育之所以是大学教育的核心,就知识而言,“理智是知识内在丰富性的本原”③。

为什么对理智的培育是一种自由教育?因为理智培育的直接目标是让理智得以健全和成熟,摆脱褊狭和低下等各种不健全、不成熟的状态。健全、成熟的理智又有助于行动的自由,因此对理智的培育就是一种事关自由的自由教育。但理智培育通过什么方式进行?无非是通过对知识的学习和应用进行:“我说的知识具有某种理智的品性,是通过感官能领悟到的东西,是表明了对事物的看法的东西。它看到的又远不止是可以感知到的,它能一边观察一边对观察到的东西进行推理,能将观察所得形成观点。知识表达自身不是光靠阐述,

---

① [英]约翰·亨利·纽曼:《大学的理想(节本)》,徐辉等译,浙江教育出版社 2001 年版,第 4 页。

② [英]约翰·亨利·纽曼:《大学的理想(节本)》,徐辉等译,浙江教育出版社 2001 年版,第 41 页。

③ [英]约翰·亨利·纽曼:《大学的理想(节本)》,徐辉等译,浙江教育出版社 2001 年版,第 32 页。

而是靠推理。”[①]“当我们说知识的交流是教育时，我们真正所指的是知识是一种心智状态或条件。”[②]

这就必然牵涉到纽曼关于学习知识的态度和境界的问题。纽曼倡导的是自由教育，在对待知识上，也希望人们达到一种自由的境界。面对知识，如何才是自由的？纽曼认为，就是把知识本身作为目的，而不是当作实现其他目的的手段。纽曼对此予以反复强调：

> 知识本身即为目的。这就是人类心智的本性。如果真是如此，任何知识便是对知识自身的回报。[③]
>
> 知识不仅仅是达到知识以外的某种东西的方式，或是自然地发展某些技能的基础，而且是自身足以依赖和探求的目的。[④]
>
> 因为自由知识本来就是为了引起我们思索，自由知识立足于自己的要求，不受后果支配，不期望补充，不受目的的影响（如人们所说），也不会被任何技艺所同化。最普通的追求具有这种特征，只要这些追求是充分而完整的。而最崇高的追求也会失去这种特征，只要这样的追求是为了获取追求之外的某种东西。[⑤]
>
> 的确有这样一种知识存在，尽管本身不会带来什么结果，但值得为之追求，因为知识本身是瑰宝，是多年艰辛求索的充分的

---

① [英]约翰·亨利·纽曼：《大学的理想（节本）》，徐辉等译，浙江教育出版社 2001 年版，第 33 页。

② [英]约翰·亨利·纽曼：《大学的理想（节本）》，徐辉等译，浙江教育出版社 2001 年版，第 34 页。

③ [英]约翰·亨利·纽曼：《大学的理想（节本）》，徐辉等译，浙江教育出版社 2001 年版，第 23—24 页。

④ [英]约翰·亨利·纽曼：《大学的理想（节本）》，徐辉等译，浙江教育出版社 2001 年版，第 24 页。

⑤ [英]约翰·亨利·纽曼：《大学的理想（节本）》，徐辉等译，浙江教育出版社 2001 年版，第 28 页。

回报。这是“自由”和“哲学”这两个词早已表明了的。①

我主张，拥有知识是为了知识本身，而不仅仅是为了知识能做些什么。②

为什么把知识本身当作目的时，就会处于一种自由的境界？其实道理很简单，如果一个人学习知识只是为了知识本身，只是对知识本身充满好奇和兴趣，把获得知识本身当作一种满足，而不在乎自己所学习的知识是否有其他用处，更不是为了其他目的，这个时候学习者的意志与目的是统一的，因而是自由的。相反，如果把知识当作实现其他目的的手段，那么学习知识的活动始终要受到其他目的的束缚和制约，特别是当目的不能实现的时候，学习者的意志与目的就不是一致的，因而他学习知识的状态和境界不可能是自由的。正如纽曼举例指出：“在希腊，赛马曾是一种自由的锻炼，而一旦用来赌博，便失去了其社会历史地位。”③纽曼的意思是，如果为了赛马而赛马，把赛马当作一种爱好和兴趣，那么赛马活动就是一种自由活动；相反，如果赛马是为了其他目的，比如是为了赌博以获取金钱，那么人们在赛马活动中就感受不到自由了。

之所以可以把知识自身当成目的，在于知识自身是有价值的，是对人的一种满足，哪怕它不带来其他任何结果：

知识之所以真正高贵，之所以有价值，之所以值得追求，其

① [英]约翰·亨利·纽曼：《大学的理想（节本）》，徐辉等译，浙江教育出版社 2001 年版，第 34 页。

② [英]约翰·亨利·纽曼：《大学的理想（节本）》，徐辉等译，浙江教育出版社 2001 年版，第 34 页。

③ [英]约翰·亨利·纽曼：《大学的理想（节本）》，徐辉等译，浙江教育出版社 2001 年版，第 29 页。

原因不在于它的结果，而是因为知识内部含有一种科学或哲学的胚芽。这就是知识本身即为目的的理由。这就是知识可以被称为自由知识的原因。不知道事物的相对特性，这只是奴隶和孩童的表现。把天地万物通盘予以考虑，是哲学的骄傲，至少是哲学的雄心壮志。①

基于上述原因，纽曼将以知识本身为目的的知识学习也视作一种自由教育，将这种可以使人获得自由知识的传承，视作大学教育的另一个重要方面，“知识本身即为目的，这种知识应被称做自由知识或绅士知识。接受教育是为了获取这种知识，应把它纳入大学范畴”②。

将知识本身作为目的似乎与将知识作为理智培育的手段是相矛盾的，其实并不矛盾，因为将知识本身作为目的，是就学习者的主观态度而言的，至于客观结果当然知识有助于其他目的的实现。纽曼也从来不否定这点。“这就是我所说的值得为了其自身而去追求的知识，尽管它并不见得会带来什么最终的好处。但是，有了这样的知识之后，我深入探究并注意到，从问题的本质来看，本身是好的东西必定会有许多外在的用处，仅仅是因为它的确是好的，尽管这些外在的用处并不保证就有。我注意到，它必定会为社会带来种种益处，这益处与知识自身固有的完美一样是巨大的而且是多样的。”③

总之，在纽曼的教育思想中，非常突出地强调了“知识自身即为

① [英]约翰·亨利·纽曼：《大学的理想（节本）》，徐辉等译，浙江教育出版社 2001 年版，第 33 页。

② [英]约翰·亨利·纽曼：《大学的理想（节本）》，徐辉等译，浙江教育出版社 2001 年版，第 31 页。

③ [英]约翰·亨利·纽曼：《大学的理想（节本）》，徐辉等译，浙江教育出版社 2001 年版，第 100 页。

目的”亦即“为知识而知识”这一理念。这一理念是一个人追求知识的最高境界，因为遵照这一理念，人在知识的面前，就是知识的主人，而非知识的奴隶，简言之，在知识的面前将享有自由。将这一理念用于以获得新知识为目的的学术研究，就是“为学术而学术”。同样只有“为学术而学术”，人在学术研究中才是自由的。因此，具有“为知识而知识”/“为学术而学术”的学术人格是非常宝贵的。

三、马克斯·韦伯的学术人格思想

马克斯·韦伯(Max Weber, 1864—1920)，德国著名社会学家。韦伯关注的领域非常广泛，其中一个重要领域就是大学教育和学术研究，相关的主要著作有《学术与政治》《韦伯论大学》。在这些著作中，涉及和展现的学术人格思想主要有学术热情、学术灵感、学术专一、学术超越、“为学术而学术”、学术自由、学术中立等。

(一) 学术热情

韦伯认为：“个人只有通过最彻底的专业化，才有可能具备信心在知识领域取得一些真正完美的成就。”[①]专业化意味着研究对象的狭窄，研究对象的狭窄意味着单调，单调意味着无趣，无趣意味着厌烦。因此专业化的研究很容易摧毁一个人对学术研究的兴趣。在这种情况下，如果仍然坚持学术研究，就非得要有更大的热情才行。所以韦伯将是否拥有学术热情当作一个人是否适合从事学术研究的一个人格性前提：

> 没有这种被所有局外人所嘲讽的独特的迷狂，没有这份热情，坚信“你生之前悠悠千载已逝，未来还会有千年沉寂的期

① [德]马克斯·韦伯：《学术与政治：韦伯的两篇演说》，冯克利译，生活·读书·新知三联书店1998年版，第23页。

待”——这全看你能否判断成功，没有这些东西，这个人便不会有科学的志向，他也不该再做下去了。因为无论什么事情，如果不能让人怀着热情去做，那么对于人来说，都是不值得做的事情。①

（二）学术灵感

韦伯认为，从事学术研究，单靠热情是不够的，还要有天赋的学术灵感。没有学术灵感，不管有多大的学术热情，也很难取得真正的学术成就。就此韦伯指出：“不过事实却是，这热情，无论它达到多么真诚和深邃的程度，在任何地方都逼不出一项成果来。”②这是因为，学术研究不单是一个热情和智力问题，而且是一个“心灵”问题。具体说，学术研究中诸多的想法并非热情和智力的结果，而是灵感的闪现，热情和智力只是对灵感的闪现起到一个诱发的作用。对此，韦伯指出：

我们得承认，热情是“灵感”这一关键因素的前提。今天的年轻人中间流行着一种看法，以为科学已变成了一个计算问题，就像“在工厂里”一样，是在实验室或统计卡片索引中制造出来的，所需要的只是智力而不是“心灵”。……想法并不能取代工作，但换个角度说，工作也同热情差不多，不能取代想法或迫使想法出现。工作和热情，首要的是两者的结合，能够诱发想法的产生。但想法的来去行踪不定，并非随叫随到。……总而言之，想法是当你坐在书桌前绞尽脑汁时不期而至的。当然，如果我

① [德]马克斯·韦伯：《学术与政治：韦伯的两篇演说》，冯克利译，生活·读书·新知三联书店 1998 年版，第 24 页。

② [德]马克斯·韦伯：《学术与政治：韦伯的两篇演说》，冯克利译，生活·读书·新知三联书店 1998 年版，第 24 页。

> 们不曾绞尽脑汁，热切地渴望着答案，想法也不会来到脑子里。不管怎么说，研究者必须能够承受存在于一切科学工作中的风险。灵感会不会来呢？他有可能成为一名出色的工作者，却永远得不出自己的创见。①
>
> 与学术界狂妄自大的自以为是不同，灵感在科学领域所起的作用，肯定不比现代企业家决断实际问题时所起的作用更大。另一方面——这是经常被人遗忘的——灵感所起的作用也不比它在艺术领域的作用更小。以为数学家只要在书桌上放把尺子，一台计算器或其他什么设备，就可以得出有科学价值的成果，这是一种很幼稚的想法。从计划和结果的角度讲，一位维尔斯特拉斯的数学想象，同艺术家的想象在方向上自然会十分不同，当然，这也是一种基本性质的不同。不过这种不同并不包括心理过程。两者有着共同的（柏拉图的"mania"[痴迷]意义上的）迷狂和灵感。②

至于"心灵"到底是如何"闪现"出"灵感"的，我们知之甚少，正因为对此知之甚少，所以我们才将得之于无法说明的心灵的东西称为来源于"灵感"。因此学术灵感可以说是学术研究所需要的一种自然人格。

（三）学术专一

韦伯认为，学术研究不是一项浪漫或艺术的事业，它需要的是专一与忠诚。所谓专一，就是心无旁骛，全身心地献身于学术研究。原因在于，学术研究是一项专业化的工作，是一项非常艰难的事业，它

---

① [德]马克斯·韦伯：《学术与政治：韦伯的两篇演说》，冯克利译，生活·读书·新知三联书店 1998 年版，第 24—25 页。

② [德]马克斯·韦伯：《学术与政治：韦伯的两篇演说》，冯克利译，生活·读书·新知三联书店 1998 年版，第 25—26 页。

很难同时完全满足一个人的审美、情感和功利的需要。如果想让学术研究变得像恋爱那样浪漫，让学术研究变得像艺术那样成为一种表演，让学术研究变得像商业那样成为一种赚钱的行业，那么学术研究将付出严重代价，不但很难获得什么成果，而且会败坏和贬低学术研究的尊严。相反，只有学术专一，才能步入学术研究的殿堂，才能捍卫学术研究的尊严。对此，韦伯指出：

> 在学术领域里，唯有那纯粹为具体工作献身的人，才有“人格”。……在学术圈内，当一个人把他应该献身的学术，当做是一项表演事业，并以事业的经理人身份自居登上舞台，力图以“个人经验”来证明自己的价值，并且自问：“如何证明我不只是‘专家’而已，我又如何在形式与内容上都有创新?”的时候，我们绝对不能把他当做是一个有现实“人格”的人。今天，这种现象已经相当普遍；只要一个人提出这样的问题，而不是发自内心地献身于科学，他必定给人一种卑劣的印象，并降低自己的人格。反之，只有那发自内心对学问的献身，他才会因为献身于志业，给人以高贵和尊严的印象。①

（四）学术超越

韦伯认为，学术研究与艺术创作不一样，完美的艺术作品永远不会过时，但学术研究却注定会被超越，因而注定会过时，这就是学术研究的命运。但是致力于超越恰巧是学术研究的目标，没有一个真正从事学术研究的人不抱着超越他人的水平而来。根本的原因在于，学术研究是无止境的。对此，韦伯指出：

---

① [德]马克斯・韦伯：《韦伯论大学》，孙传钊译，江苏人民出版社 2006 年版，第 100 页。

一件真正“完满”的作品，永远不会被别的作品超越，它永远不会过时。欣赏者对其意义的鉴赏各有不同；但从艺术的角度观之，人们永远不能说，这样一件作品，会被另一件同样真正“完满”的作品“超越”。在学术领域里，我们每个人都知道，我们取得的业绩，在10年、20年、50年内就都会过时。这是学术研究必须面对的命运，或者说，这就是学术工作的真正意义。……在学术工作上，每一次“完满”，就意味着新“问题”的诞生——学术工作要求不断被“超越”，要求过时。任何有志献身学术工作的人，都必须接受这一残酷的事实。……就学术本身的观点来说，我再重复一遍，将来总有一天，都会被别人超越。这不仅是我们共同的命运，更是我们共同追求的目标。当我们进行一项工作时，不能不希望别人会更上一层楼。原则上，这进步会无限地继续下去。①

（五）“为学术而学术”

韦伯认为，以学术为志业，或者说真正地献身于学术，就是“为学术而学术”。所谓“为学术而学术”，就是把学术自身当作目的，而不是把学术当作实现其他目的的手段。当然，韦伯并不否认学术的功利价值，但学术的功利价值只是对应用者而言，并非对研究者而言。因此，“为学术而学术”，主要是一种主观的学术心态。对此，韦伯指出：

人们为什么要努力从事这样一种在实际上永无止境并且永远不可能有止境的工作？首先，人们会说，是为了纯粹实用的目的，或者，我们用较广义的说法，是为了技术性的目的；换言之，

① [德]马克斯·韦伯：《韦伯论大学》，孙传钊译，江苏人民出版社2006年版，第101页。

是为了按照学术经验所提示的期望，调整我们实际活动的取向。好，但这一切只对应用者有意义。从事学术工作的本人，对他的志业保持的又是怎样的态度呢——如果他确实有心追求这样一种人生态度？他会说，他是“为学术而学术”，而不是图求看见别人因为利用学术而获得商业或技术上的成功，或是人们借此吃得更好，穿得更好，心志更开明，统治管理更成功。①

（六）学术自由

韦伯主张学术自由，主要是反对政治与宗教对学术的侵犯和干扰。当时的官方也讲“学术自由”，韦伯则对官方的“学术自由”进行了驳斥，区分了所谓的“学术自由”和真正的“学术自由”。对此，日本学者上山安敏在《关于〈韦伯的大学论〉——代解说》一文中有非常精炼的概括：

这传统的打引号的“学术自由”简单地说有以下含义：一、考虑让谁登上讲台的时候，条件是教师必须对政府、教会服从；二、在大学之外的公共场所发言的时候，要考虑到是否于自己的职业有碍，大学教师因为是国家官吏，所以在这种公共场合进行政治性的讲话是不合适的；三、因此，在大学讲台上的发言可以是自由的。②

但是韦伯所谓真正的学术自由是相反的含义：一、审批谁有资格登上大学讲台的时候，不能以任何信仰上的理由进行歧视、区别对待；二、即使在大学以外的公共场所从事政治活动，并

① [德]马克斯·韦伯：《韦伯论大学》，孙传钊译，江苏人民出版社 2006 年版，第 101—102 页。

② [德]马克斯·韦伯：《韦伯论大学》，孙传钊译，江苏人民出版社 2006 年版，第 140 页。

不于其教师职业有碍；三、相反，在大学讲坛上的讲课必须对自己的价值观、信仰有一定的自制——即所谓“讲坛禁欲”。①

概言之，所谓的“学术自由”是以某一政治或宗教派别的学说和意志为界限的“自由”，这样的“自由”不是真正的学术自由。真正的学术自由是：一方面，在学术中不能有政治和宗教的立足之地；另一方面，在学术之外，一个人可以有自己的政治和宗教的主张与活动，二者不能相互挂钩。

以政治与学术的关系为例，韦伯认为，无论从学生的角度讲，还是从教师的角度讲，学术之地没有政治的位置：“有人说，并且我也同意，在课堂里没有政治的位置。就学生而言，政治在这里没有立足之地。……就教师而言，党派政治同样不属于课堂，如果教师是从科学研究的角度对待政治，那它就更不属于课堂。”②因此，大学这一学术之地必须保持政治和宗教上的中立，“大学教师想要拿他们的个人的理想和信仰，或者政治观点（不管是‘激进’的还是‘稳健’的，也不管是左的，还是右的）充当‘学术’的话，那么……在这点上大学必须履行自律的义务。”③简单地说，学术拒绝政治。

韦伯之所以强烈主张学术拒绝政治，是他认为政治有害于学术特长发挥和个人天性发展，而这个损害是任何东西都无法弥补的：

学术所享受的利益——对科学出于兴趣的选择和学术特长的发挥，不是比以前从属于教会的时候有所改善，而是在很多方面更加恶化。这样一种变了质的“自由”和非兴趣化的大学教育

---

① [德]马克斯·韦伯：《韦伯论大学》，孙传钊译，江苏人民出版社2006年版，第140页。

② [德]马克斯·韦伯：《学术与政治：韦伯的两篇演说》，冯克利译，生活·读书·新知三联书店1998年版，第36—37页。

③ [德]马克斯·韦伯：《韦伯论大学》，孙传钊译，江苏人民出版社2006年版，第32页。

结果是阻碍了个人天性的发展。即使它拥有最好的研究机构、最大型的礼堂，甚至拥有多如牛毛的论文和获奖的研究成果、学生取得多少优异成绩，都不能弥补其失去的东西。[①]

韦伯反对政治介入学术，并不是说政治不能在学术之地有任何身影，而是说政治在学术之地，只能成为被研究的对象，而不能成为被宣传的对象。政治研究与政治宣传是不一样的：政治研究是抱着科学分析的态度，只管事实和逻辑；政治宣传，则是从党派或者集团的利益出发，它有可能违背事实和逻辑，甚至充满偏见和谎言。因此从追求真理的角度而言，在学术之地进行政治宣传是一种不负责任的做法，从事学术的人在学术之地应当对自己宣传政治的冲动保持自制。政治宣传应当有其恰当的场地。对此，韦伯通过举例做了较为详细的说明：

对实际政治问题所持的意见，同对政治结构和党派地位的科学分析完全是两码事。如果是在公众集会上讲论民主，他无须隐瞒自己的态度；在这种场合，立场鲜明大致是一个人难以推卸的责任。这里所用的词语，不是科学分析的工具，而是将其他人的政治态度争取过来的手段。它们不是为深思熟虑疏松土壤的铧犁，而是对付敌手的利剑，是战斗的工具。与此相反，如果在讲座上或课堂上，以这种方式使用词句，那未免荒唐透顶。例如，如果要在课堂里讨论民主，就应当考虑民主的不同形态，分析它们的运行方式，以及为每一种形态的生活条件确定具体的结果。然后还要将它们同那些非民主的政治制度加以比较，并

---

① [德]马克斯·韦伯：《韦伯论大学》，孙传钊译，江苏人民出版社 2006 年版，第 31—32 页。

努力使听讲人能够找到依据他个人的最高理想确定自己立场的出发点。①

讲台不是先知和煽动家应呆的地方。对先知和煽动家应当这样说:"到街上去向公众演说吧",也就是说,到能批评的地方去说话。而在课堂上,坐在学生的面前,学生必须沉默,教师必须说话。学生为了自己的前程,必须听某位教师的课,而在课堂上又没有人能批评教师,如果他不尽教师的职责,用自己的知识和科研经验去帮助学生,而是趁机渔利,向他们兜售自己的政治见解,我以为这是一种不负责的做法。②

(七)学术中立

韦伯之所以坚持"大学并不把传授'对国家怀有敌意'抑或'对国家表示好意'以及其他什么观点或立场作为它的职责,也不是谆谆教诲绝对或本质的道德价值的机构"③,根本在于他坚持学术问题上的价值中立亦即学术中立的立场。韦伯认为任何与科学无关的带有强烈价值意味的学说和宣传,都不能进入学术之地,"价值判断是不能在讲坛上讲述的"④,"我坚持必须不参杂价值判断地对学生进行学术说明的立场,而且,至今还以自己一直忠实于这种理想的教学活动而自豪"⑤。做出价值判断的权利应当留给个人,"个人应当遵循、献身于怎样的理想——'应当侍奉什么样的神'——这类问题是让他们按

---

① [德]马克斯·韦伯:《学术与政治:韦伯的两篇演说》,冯克利译,生活·读书·新知三联书店1998年版,第37页。

② [德]马克斯·韦伯:《学术与政治:韦伯的两篇演说》,冯克利译,生活·读书·新知三联书店1998年版,第37—38页。

③ [德]马克斯·韦伯:《韦伯论大学》,孙传钊译,江苏人民出版社2006年版,第32页。

④ [德]马克斯·韦伯:《韦伯论大学》,孙传钊译,江苏人民出版社2006年版,第104页。

⑤ [德]马克斯·韦伯:《韦伯论大学》,孙传钊译,江苏人民出版社2006年版,第105—106页。

照自己的责任，而且，最终是按照个人良心来决定的"[①]。"把(价值判断)的决定权留给他们自己。阻止听讲的学生下某种价值判断，或者暗示他们应该做出某种选择的做法都是不允许的。"[②]这并非说韦伯反对任何具有强烈价值意味的学说和宣传，而是说学术之地不是进行此类活动的地方，此类活动应当在它合适的地方进行，"如果他感到，他的职责是介入世界观和政治意见的斗争，他大可以到外面去，到生活的市场上去这样做，在报章上，集会上，或无论他喜欢的什么地方"[③]。简言之，价值判断属于个人的事情，学术之地应当保持价值中立亦即学术中立，不受其干扰。

韦伯之所以坚持学术之地应当保持价值/学术中立的原则，源于他对事实与价值的区分以及对学术对象的看法："我们原则上区别了'价值判断'和'经验'"[④]，"将纯粹的逻辑演绎得到的事实和经验事实为一方，与以实践的、伦理的或世界观的价值判断为另一方的区分是正确的"[⑤]。这就是人们通常所说的"事实判断"与"价值判断"。事实判断是对客观事实的陈述与分析，价值判断是对价值标准的确立与选择。比如，安乐死会提前结束一个人的生命，并有助于免除该病人的痛苦，这都是事实。但安乐死是否是应当的，则是一个价值判断，即我们总是从不同的标准来评判同一个事物，由此做出不同的选择。韦伯认为，价值判断超越了学术的界限，因此学术不应当承担价值判断的功能，"它们不教也不应该教'什么是应该发生的'，因为根本的

---

① [德]马克斯·韦伯：《韦伯论大学》，孙传钊译，江苏人民出版社 2006 年版，第 32 页。

② [德]马克斯·韦伯：《韦伯论大学》，孙传钊译，江苏人民出版社 2006 年版，第 104—105 页。

③ [德]马克斯·韦伯：《学术与政治：韦伯的两篇演说》，冯克利译，生活·读书·新知三联书店 1998 年版，第 42—43 页。

④ [德]马克斯·韦伯：《社会科学方法论》，韩水法、莫茜译，中央编译出版社 1998 年版，第 14 页。

⑤ [德]马克斯·韦伯：《韦伯论大学》，孙传钊译，江苏人民出版社 2006 年版，第 79 页。

个人价值和信仰问题,是一个根本上不能如同科学命题证明那样可以论证的问题,……如果大学不仅提供知识和领悟(方法),而且还教以信仰和'理想'的话,那么这就超越了科学与学术的界限"①。

既然价值判断超越了学术的界限,那么学术想替人们做出价值判断就是不可能的:"在讲授教会形式和国家形式或宗教史的课程上,如何让一名虔诚的天主教徒和一名共济会信徒得出同样的价值判断呢?这样的问题是不会有答案的。"②"除非是在讨论达到预先设定的目标所应采取的手段,'从学术上'为实践方面的立场作鼓吹是不可能的,这有着极为深刻的原因。从原则上说,这样的鼓吹没有意义,是因为世界上不同的价值体系有着相互冲突的立场。"③既然价值判断总是相互冲突的,那么价值确立和选择只能交由个人,而不能由公共的学术机构以学术的方式替人们做出选择。在这种情况下,"一个大学教师要'论证'某些社会需求是'正当的',那就是胆大妄为,而他要想通过科学和学术的手段来证明它们是'不正当'的,情况也同样如此"④。

那么学术应当何为?或者说学术的对象是什么?既然不具有统一标准或答案的价值判断不适合作为学术的对象,那么学术的对象只能是可以得出统一结论的东西,这就是事实判断亦即真理性认识。

到目前为止,我们就已经假定了:在社会科学领域内,事实

① [德]马克斯·韦伯:《韦伯论大学》,孙传钊译,江苏人民出版社 2006 年版,第 32 页。

② [德]马克斯·韦伯:《学术与政治:韦伯的两篇演说》,冯克利译,生活·读书·新知三联书店 1998 年版,第 38 页。

③ [德]马克斯·韦伯:《学术与政治:韦伯的两篇演说》,冯克利译,生活·读书·新知三联书店 1998 年版,第 39 页。

④ [德]马克斯·韦伯:《韦伯论大学》,孙传钊译,江苏人民出版社 2006 年版,第 33 页。

上存在着一类无条件有效的认识，亦即对于经验实在的思考整理。[①]

今天，作为“职业”的科学，不是派发神圣价值和神启的通灵者或先知送来的神赐之物，而是通过专业化学科的操作，服务于有关自我和事实间关系的知识思考。[②]

它们分析事实及其存在的条件、法则和相互关系，分析概念及其逻辑的前提、内涵。[③]

第一，科学能提供的仅仅是分析那种需要及其本质、既不能证明也不能驳倒的终极的信仰的依据和价值判断。第二，通过科学的手段可以讨论它们的历史根源或更加深远的“真实感”，还可以分析为了实现这种需要实践的先决条件、分析当前潮流是否正按照他们的愿望向何方向演进及其原因——帮助他们进行经验主义的理解。这些才是真正适当的“科学的学术”问题。[④]

韦伯特别强调要勇于承认自己所不喜欢的事实，否则，谈不上追求真理。“无论是谁，只要他是一名正直的教师，他的首要职责就是教会他的学生承认‘令人不舒服的’事实，我是指那些相对于他们的党派观点而言不舒服的事实。”[⑤]“在课堂里，唯有理智的正直诚实，才是最有价值的美德。”[⑥]这就是说，要追求真理，就不能以情感为转移，

① [德]马克斯·韦伯：《社会科学方法论》，韩水法、莫茜译，中央编译出版社 1998 年版，第 14 页。

② [德]马克斯·韦伯：《学术与政治：韦伯的两篇演说》，冯克利译，生活·读书·新知三联书店 1998 年版，第 45 页。

③ [德]马克斯·韦伯：《韦伯论大学》，孙传钊译，江苏人民出版社 2006 年版，第 32 页。

④ [德]马克斯·韦伯：《韦伯论大学》，孙传钊译，江苏人民出版社 2006 年版，第 33 页。

⑤ [德]马克斯·韦伯：《学术与政治：韦伯的两篇演说》，冯克利译，生活·读书·新知三联书店 1998 年版，第 39 页。

⑥ [德]马克斯·韦伯：《学术与政治：韦伯的两篇演说》，冯克利译，生活·读书·新知三联书店 1998 年版，第 49 页。

就不能根据情感裁剪事实,相反要以学术为本,努力排除一切不属于学术的东西,尤其要排除情感的干扰,因为情感最容易扭曲学术,罔顾真理。对此,韦伯指出:

> 在每一项职业任务中,职责本身需要有它们的权力,并且将依照他们自身的规范而得到实现,在每一项职业任务中,承担任务者应当克制自己,排除并非严格地从属于职责的东西,而最需排除的便是他自己的爱和恨。……如果人们不能做到"职业"所需要的这种特殊的自我节制,那么这就意味着剥去了这个词至今尚存的唯一有意义的含义。①

这并非说韦伯反对学术与价值之间存在任何牵连,"大学可以让学生了解世界观的基本观点,可以研究哲学的心理起源问题,也可以分析理智的内涵和终极的、普遍的原理,甚至也可以分析普遍存在的不能被证明而被人信仰的东西。……大学可以让学生理解他自己运用已有的现实条件的能力;可以教会学生明白和'知道自己需要什么'的能力"②,而是说学术涉足价值存在一个方式和目的的问题。当学术涉足价值时,应当以学术的方式去解决问题。"国家或者个人,或者什么党派应该追求的是完成特定的目的——如果这也属于学术内的问题的话,我们只能使用学术的手段来作为解决的方法。"③所谓学术的手段,是指当学术涉足价值时,并不负责价值判断,只是为人们做出价值判断提供最基本的事实即认识基础。"只有所有的由'真实'构成的世界观所具有的一个要素,也只有在这个基础上,可以正

---

① [德]马克斯·韦伯:《韦伯论大学》,孙传钊译,江苏人民出版社 2006 年版,第 83 页。
② [德]马克斯·韦伯:《韦伯论大学》,孙传钊译,江苏人民出版社 2006 年版,第 32 页。
③ [德]马克斯·韦伯:《韦伯论大学》,孙传钊译,江苏人民出版社 2006 年版,第 104 页。

当地给学生的人生道路提供食粮。”①

在事实的基础上，最终做出什么样的价值判断，只能交由个人：“必须让学生不断认识自己的角色和承担的正当理智的责任和义务，让他们自己懂得他们的追求和目标之间的本质，而且培养他们都能通过自如地驾驭责任来把握自己的人生问题。”②“承认个人的终极信仰，还是否认这种信仰？是否打算接受实现它所需要的先决条件？为了成功他是否认为值得付出过分大的代价？对上述种种问题的最后决断，是他个人的责任。学术上的指导者不能越俎代庖，也不允许越俎代庖。这些问题是不能用科学的手段来解决的。”③

四、卡尔·特奥多尔·雅斯贝尔斯的学术人格思想

卡尔·特奥多尔·雅斯贝尔斯(Karl Theodor Jaspers，1883—1969)，德国著名存在主义哲学家、神学家、精神病学家和教育学家。雅斯贝尔斯有关教育学的主要著作有《什么是教育》和《大学之理念》，其中涉及到的学术人格思想主要有：

(一) 学术使命与境界

雅斯贝尔斯认为大学的使命在于追求真理，大学是一个追求真理的地方。

> 大学是一个由学者与学生组成的、致力于寻求真理之事业的共同体。④

① [德]马克斯·韦伯：《韦伯论大学》，孙传钊译，江苏人民出版社 2006 年版，第 32 页。
② [德]马克斯·韦伯：《韦伯论大学》，孙传钊译，江苏人民出版社 2006 年版，第 32—33 页。
③ [德]马克斯·韦伯：《韦伯论大学》，孙传钊译，江苏人民出版社 2006 年版，第 33 页。
④ [德]卡尔·雅斯贝尔斯：《大学之理念》，邱立波译，上海人民出版社 2007 年版，第 19 页。

> 大学就是一个将以献身科学真理的探索和传播为志业的人们联合起来的机构。①
>
> 大学是一个不计任何条件千方百计探求真理的地方。一切的科研工作形式都必须为探索真理的目的服务。②
>
> 大学旨在寻求真理和人类的进步,它的目的是代表人类品性的精华。③
>
> 大学是个公开追求真理的场所,所有的研究机会都要为真理服务,在大学里追求真理是人们精神的基本要求,因此,它给大学带来了勃勃生机,是大学进步的条件。④

雅斯贝尔斯不但认为求知和追求真理是大学的使命,而且在求知和追求真理的境界上,要“为求知而求知”“为知识而知识”“为真理而真理”,把求知、知识和真理本身当作目的,当作人的一种内在需求,而非仅仅是实现其他目的的手段和工具。

> 人们出于寻求真理的惟一目的而群居于此。因为这是一项人权:即在某个地方人们可以不受任何限制地探求真理,并且是为真理而真理。⑤
>
> 即便这种实际的效用可能广受置疑,人类的基本意志仍然

---

① [德]卡尔·雅斯贝尔斯:《大学之理念》,邱立波译,上海人民出版社 2007 年版,第 22 页。

② [德]卡尔·雅斯贝尔斯:《大学之理念》,邱立波译,上海人民出版社 2007 年版,第 98 页。

③ [德]卡尔·雅斯贝尔斯:《大学之理念》,邱立波译,上海人民出版社 2007 年版,第 190 页。

④ [德]卡尔·雅斯贝尔斯:《什么是教育》,邹进译,生活·读书·新知三联书店 1991 年版,第 169 页。

⑤ [德]卡尔·雅斯贝尔斯:《大学之理念》,邱立波译,上海人民出版社 2007 年版,第 20 页。

岿然屹立，那就是，突破一切限制、不计一切代价地寻求真理。没有这种意志的驱策，人根本就不可能竭尽全力地臻于思维的极致。如此说来，大学自然是服务于实际目的的机构，但它实现这些目的是靠着一种特殊精神的努力，这种精神一开始的时候是超越这些实际目的的，它这样做只是为了以后以更大的清晰度、更大的力度、更冷静的态度返回到这些目的中。①

人类对知识的迫切追求是自发的。我们是为知识而知识的，正是这种自强不息的激情为所有科学的发展提供了不可动摇的前提。②

在大学生活里面，老师和学生仅仅被一个单纯的动机鞭策着：人类基本的求知欲望。③

为真理而奋斗绝不可以与为了经济状况的改善而奋斗相混淆。它不带有任何功利的目的。④

（二）学术勇气与毅力

雅斯贝尔斯认为求知，追求真理，需要冒险精神，需要勇气，需要坚持不懈的顽强毅力。因为求知，追求真理是一个长期而艰难的过程，没有冒险精神、勇气和毅力，就很难面对途中的诱惑、失落和代价。

---

① ［德］卡尔·雅斯贝尔斯：《大学之理念》，邱立波译，上海人民出版社2007年版，第20—21页。

② ［德］卡尔·雅斯贝尔斯：《大学之理念》，邱立波译，上海人民出版社2007年版，第41页。

③ ［德］卡尔·雅斯贝尔斯：《大学之理念》，邱立波译，上海人民出版社2007年版，第68页。

④ ［德］卡尔·雅斯贝尔斯：《大学之理念》，邱立波译，上海人民出版社2007年版，第98页。

固定的学习计划解除了单个个人在寻找自己的精神发展之路上所要经历的危险，但是，缺少这种在精神自由中的冒险，也就失去了独立思想的可能性本源，而仅仅剩下发达的专业技巧而已。①

本真的科学研究工作是一种贵族的事业，只有极少数人甘愿寂寞地选择了它。原初的求知欲是对人生而俱来的挑战，但仅仅依凭这种求知欲就不可能有科学的风险。在商品经济发达的今天，真正献身于学术研究的人是需要勇气的，在一般人看来也是一件不平常的事，但有史以来研究工作就不属于普通人所能从事的工作。②

工作是所有其他一切的基石。工作比其他一切都更加需要纪律和程序来稳住自己的脚跟。它是最花费时间的，也是在任何时间都可以开始的。只有依靠坚苦卓绝的工作，才可以打下坚实的地基，才能够造就我们的工具，才能够提供合适的方法，用以表述并且确认任何新的发现，同时也可以为那些仅仅停留在猜想阶段的东西提供切实的证据。对于这种坚忍不拔的劳作，对于它的纪律和执著，任何人都得肃然起敬。③

（三）学术良知、忠诚与责任

雅斯贝尔斯满怀激情地鼓舞人们积极追求真理，甚至不惜一切代价地追求真理，但是在追求真理的过程中，要有学术良知、忠诚与

① [德]卡尔·雅斯贝尔斯：《什么是教育》，邹进译，生活·读书·新知三联书店 1991 年版，第 141 页。

② [德]卡尔·雅斯贝尔斯：《什么是教育》，邹进译，生活·读书·新知三联书店 1991 年版，第 141 页。

③ [德]卡尔·雅斯贝尔斯：《大学之理念》，邱立波译，上海人民出版社 2007 年版，第 68 页。

责任。

雅斯贝尔斯所说的学术良知，主要是指对学术要有一种不可马虎草率行事、以求彻底连贯的严肃认真的态度。

> 一个从事科学研究的人除了动机和勤劳的工作之外，还需要有一颗“知识的良心”。研究者常常需要依赖好运气，那是一种模糊的直觉，但是在任何情况下，只要是在他的意识范围内，他都要求对工作有所掌握和控制。无目的蛮干会违反其良知，而仅仅有些感觉或喜好，或觉得有用，但不能具体成形或变成行动的东西，也是违反其良知的。研究者总是力求从整体上去看每一个偶发事件，并找出其事件内在的连续性，如果碰上任意中断的事件，他也会遵照良心的促使，去追踪另一个可以继续下去的“灵感”，以便接上刚失去的那个连续性。①
>
> 比单纯的劳作更重要的，学者和科学家都应该具备一种智识的良知。他一方面得意识到，在任何地方他都得依靠运气和正确的直觉，可与此同时，他也得从良心出发，有意识地驾驭自己的创造冲动。无的放矢的无效劳作、单纯的感觉和信仰、单纯的允诺和启示，只要它们没有促动一个人自由自主地有所创造，都无一例外地与理性的良心背道而驰。……他从自己的良知出发判断问题。来自外界的建议，没有哪一条可以减轻他肩负的智识良知上的负担。②

雅斯贝尔斯所说的学术忠诚，是指学术诚实，要具备一种科学的

---

① [德]卡尔·雅斯贝尔斯：《什么是教育》，邹进译，生活·读书·新知三联书店 1991 年版，第 151 页。

② [德]卡尔·雅斯贝尔斯：《大学之理念》，邱立波译，上海人民出版社 2007 年版，第 70 页。

立场和思维方法，客观专一，接受批评，不刻意违背事实和逻辑。

科学源于诚实并且也造就诚实。除非我们具备一种科学的立场和思维方法，否则我们就不可能是真诚的。……科学立场更深一步的特点是它的论点随时准备接受任何批评。对于思想者来说，尤其是对于科学家与哲学家来说，批评态度是生活的必要条件。为了迫使他检验自己的见解，无论怎样质疑都是不过分的。一个诚恳的科学家即便从不公正的批评那里也可以受益。谁回避批评，谁就是在根本上不想求知。[①]

科学的方法要求客观，要求对工作的专注，要求仔细权衡，以发掘出相反的可能性，要求自我批评。它不允许一个人随心所欲地考虑问题，也不允许谁因一时心血来潮抓住一点而不计其余。它的特异之处，就是怀疑与问难的态度，就是作出普遍性结论时的谨慎，就是下断语的时候不忘记说明限制和条件。[②]

这样说来，大学必须为大学教育这门职业奠定一个双重的基础。它必须灌输一种对于科学观念毕生的忠诚，同时也必须要灌输一种对追寻知识之整体性的忠诚。[③]

所有大学要求其成员所必须做到的不外乎是：良好的职业和学术信誉，对学术工具的熟练掌握，还有学术上的诚实。[④]

---

① [德]卡尔·雅斯贝尔斯：《大学之理念》，邱立波译，上海人民出版社 2007 年版，第 48—49 页。

② [德]卡尔·雅斯贝尔斯：《大学之理念》，邱立波译，上海人民出版社 2007 年版，第 57 页。

③ [德]卡尔·雅斯贝尔斯：《大学之理念》，邱立波译，上海人民出版社 2007 年版，第 75—76 页。

④ [德]卡尔·雅斯贝尔斯：《大学之理念》，邱立波译，上海人民出版社 2007 年版，第 105—106 页。

雅斯贝尔斯满怀激情地鼓舞人们积极追求真理，甚至认为，为追求真理，不用负任何责任，只须对真理负责："大学的师生追求真理不负任何直接、实际的责任，他们只对真理本身负责任。"①但是，思想并不等于真理，在追求真理的过程中，我们会产生各种各样的思想，而思想有可能会给人们带来危害，因此在追求真理的过程中，应当对自己的思想是否真的接近真理予以审慎地审查，而不是受激情的驱使，随心所欲、匆忙草率地发布自己的思想，这是一个严肃的学者和思想家应有的态度和责任：

> 正因为如此思想不论其真伪或者同时真假兼具，对其在世界上引起的影响负有更大的间接责任。事实上，由思想所引起的后果是无法预测的，但是有责任感的思想家因为知道这种后果而变得倍加小心。②

（四）学术自由与中立

雅斯贝尔斯将学术自由视作一种至高无上的权利，视作追求和传授真理的一个必不可缺的前提条件；雅斯贝尔斯如此重视学术自由，以至要求学术自由的张力可以达到看似离经叛道或荒诞不羁的程度，即学术自由要得到最大范围和最大程度的保证；雅斯贝尔斯认为，不但应当有学术研究的自由，而且必须有教学的自由，因为学术研究与教学存在着内在的关系；雅儿贝尔斯认为，所谓学术自由意味着学者和教师可以自由地用自己的方式进行研究，以自己认为适当的方式进行教学：

---

① ［德］卡尔·雅斯贝尔斯：《什么是教育》，邹进译，生活·读书·新知三联书店 1991 年版，第 170 页。

② ［德］卡尔·雅斯贝尔斯：《什么是教育》，邹进译，生活·读书·新知三联书店 1991 年版，第 170 页。

> 就像教会一样，它的自治权——这种自治权甚至都得到国家的尊重——是来自一个具有超国家、普世性特点的不朽理念：学术自由。这是大学所要求的，也是它被赋予的。学术自由是一项特权，它使得传授真理成为一种义不容辞的职责，它使得大学可以横眉冷对大学内外一切试图剥夺这项自由的人。①
>
> 单个学者的学术创造力必须靠充分的自由来保证，这种自由甚至要达到在某些同时代人看来是离经叛道或荒诞不羁的程度。②
>
> 学术自由不仅延伸到科研和思想领域，也延伸到教学领域。因为思想和科研需要挑战和交流，这要由教学活动来提供，而这接下来又要仰仗遍及全世界的学者和科学家的、按照他们喜欢的方式来言说和写作的自由。③
>
> 学术自由意味着学者和教师可以自由地用自己的方式进行研究，以自己认为适当的方式进行教学。④

对雅斯贝尔斯而言，坚持学术自由，就意味着必须坚持学术中立。雅斯贝尔斯所谓的学术中立是指在学术观点和结论上，要尊重客观实际，要不偏不倚，不受学术之外的其他任何因素的干扰；具体地说，大学的生存应体现社会的需要；即便没有来自外部的政治力量的干扰，大学内部也不可以从事拉帮结派的政治活动，只可以把政治

---

① [德]卡尔·雅斯贝尔斯：《大学之理念》，邱立波译，上海人民出版社 2007 年版，第 19 页。

② [德]卡尔·雅斯贝尔斯：《大学之理念》，邱立波译，上海人民出版社 2007 年版，第 114 页。

③ [德]卡尔·雅斯贝尔斯：《大学之理念》，邱立波译，上海人民出版社 2007 年版，第 185 页。

④ [德]卡尔·雅斯贝尔斯：《大学之理念》，邱立波译，上海人民出版社 2007 年版，第 186 页。

作为研究的对象；因为在他看来，大学是追求知识和真理的地方，而不是从事政治活动的场所，大学只为知识和真理负责，而不为别人的任何东西负责；雅斯贝尔斯认为，大学不但不应当干涉和限制学术自由，而且应当保障学术自由；雅斯贝尔斯看到了政治对学术自由的威胁，所以他提醒人们对政治干涉和限制学术自由要保持警惕。

> 学院派的、科学性的观念，其内涵要比特殊的知识和技能丰富得多。它是一种能力，可以为了追求客观知识而暂时保留个人的价值观点，也可以为了不偏不倚地分析材料而将偏见与嗜好搁置一边。在这样做的过程中，我们不但获得了完全不偏不倚的知识，并且我们的偏见也被重新审视。狂热与盲目被一扫而空。正是这种自我克制的经验，为真正的客观性奠定了基础。①
>
> 大学的生存要归功于社会，社会需要在自己领地内的某些地方可以开展纯粹、独立、不偏不倚的研究。社会需要大学，因为它感到在自己范围之内的某些地方纯粹地服务于真理对自己是有益的。②
>
> 从根本上来说，大学教授不是公务员，而是一个自给自足的法团的成员。……教授的基本工作是作出自己的选择。他要在没有任何外来干涉的情况下，义不容辞地想尽一切办法，从他为自己提出第一个问题开始，对自己的科研活动承担起个人责任。他作出决定所依据的是内在于他所从事的工作的标准，这个标准回避外来的预测、即时性的确认和最后的定论。大学教授首

---

① [德]卡尔·雅斯贝尔斯：《大学之理念》，邱立波译，上海人民出版社 2007 年版，第 57 页。

② [德]卡尔·雅斯贝尔斯：《大学之理念》，邱立波译，上海人民出版社 2007 年版，第 173 页。

要地是要把自己看作一名科研工作者和一名教师，而不单纯是一个法团的成员或者一名公务员。[①]

政治在大学里面有一个位置，但不是作为实际的政治斗争，而是作为一个科学研究的对象。[②]

学术自由意味着学者和教师可以自由地用自己的方式进行研究，以自己认为适当的方式进行教学。至于说到实际的研究课题，这个国家要留给每个人来自己处置。恰恰就是这一点规定了自由的界限，即国家保障大学不受任何干涉的自由，包括国家自己的干涉。在某种程度上学术自由类似于宗教自由，因为它们不仅免于国家的干涉，而且国家还保障这种自由。[③]

雅斯贝尔斯也提醒，要避免误解和滥用学术自由，学术自由不能混同于一般的言论自由，更不是想说什么就说什么，而仅仅是忠诚于学术研究过程中展现出的事实、逻辑和真理，不受任何其他非学术性因素的限制和干扰；正因为学术自由追求的是知识和真理，因此学术观点和结论必须严肃客观；他由此进一步提醒，不能打着学术自由的幌子在大学中从事政治活动：

学术自由只有在援引它的学者始终对它的意义保持清醒的情况下才能存在。它并不意味着一个人有权说任何他高兴说的东西。寻求真理是一个过于艰巨和庞大的任务，它有可能被误

① [德]卡尔·雅斯贝尔斯：《大学之理念》，邱立波译，上海人民出版社 2007 年版，第 178 页。
② [德]卡尔·雅斯贝尔斯：《大学之理念》，邱立波译，上海人民出版社 2007 年版，第 184 页。
③ [德]卡尔·雅斯贝尔斯：《大学之理念》，邱立波译，上海人民出版社 2007 年版，第 186 页。

会成半吊子真理之间的、头脑发热的交换，这些半吊子真理是一时兴起脱口而出的。只有在学术目的和对真理的忠诚被考虑进来的地方，它才可能存在。①

学术自由与宪法上言论自由只是表面相似。因为很容易想见，即便在宪法上的言论自由被取消以后，学术自由仍然可以存在。②

学术自由并没有赋予他们③高于其他公民的特殊豁免权。它只是意味着一种除了学术上的彻底性、方法和体系之外，可以免受一切束缚的职业方面自由。它并没有赋予某个人权利可以就公共事务随意发表不负责任的言论。相反，它倒是给一个人平添了一种责任：使他不得将类似的私下声明包裹在一种虚假的权威氛围之中，使他在作出这些声明的时候加倍的谨慎。④

（五）学术交流、合作与宽容

雅斯贝尔斯认为，学术研究需要相互交流、相互批评和相互竞争，没有真正的相互交流、相互批评和相互竞争，学术就会失去生气，就要开始走下坡路了；雅斯贝尔斯认为，学术上的相互交流、相互批评和相互竞争，并不会导致人们之间的敌意；相反在这个过程中，人们同时应当彼此合作，展现宽容和友好；因为学术上的交流、批评和竞争只是为了探求真理，而探求真理则是我们的共同目标：

---

① [德]卡尔·雅斯贝尔斯：《大学之理念》，邱立波译，上海人民出版社 2007 年版，第 186—187 页。

② [德]卡尔·雅斯贝尔斯：《大学之理念》，邱立波译，上海人民出版社 2007 年版，第 187 页。

③ 指大学院系的成员。

④ [德]卡尔·雅斯贝尔斯：《大学之理念》，邱立波译，上海人民出版社 2007 年版，第 187 页。

基于这个理由,大学里面精神交流的方式就是所有的大学成员都负有精神交流的义务。当大学成员彼此之间谨小慎微地断绝来往的时候,当交流变成仅仅是一种社交礼节的时候,当实质的精神联系被日常俗套弄得模糊不清的时候,大学的精神生活就要开始走下坡路了。①

在学术圈子里,交流是通过讨论来维持的。我们相互告知对方自己的发现,但是,只有当我们的观念受到质疑的时候,才会有真正的交流。这种真正的交流,表现为双方胶着在某些特定的问题上互不相让。这种论战或许会变成哲学上的论战,但是只有当论战所处置的是具有根本重要性的问题的时候,才会这样。②

每一项学术成就或者科学成就说到底都是一种个人成就。它是一种具有个性特征的成就。然而,它却可以通过许多人的合作更上一层楼。合作是从交流之中产生出来的。当这两个方面的因素同时兼备的时候,斗志的昂扬、思路的清晰、还有期望的热切,都会达到极致;一个人的想法与另一个人的想法相互激发,就好像球在两个人之间被传来传去。③

大学的师生追求真理不负任何直接、实际的责任,他们只对真理本身负责任,研究者共同为真理而斗争,而彼此之间却并没有生活的竞争。他们的竞争表征在研究尝试的层面,因此对个

① [德]卡尔·雅斯贝尔斯:《大学之理念》,邱立波译,上海人民出版社 2007 年版,第 99—100 页。

② [德]卡尔·雅斯贝尔斯:《大学之理念》,邱立波译,上海人民出版社 2007 年版,第 100 页。

③ [德]卡尔·雅斯贝尔斯:《大学之理念》,邱立波译,上海人民出版社 2007 年版,第 102 页。

人的生活不发生危险。①

（六）做学术上的精神贵族

雅斯贝尔斯认为，从事学术的人，应当做一个学术上的精神贵族。所谓学术上的精神贵族就是把精神追求而非功利当作自己从事学术的目的，因为学术活动就是一种精神生命活动；一旦把精神追求确立为自己从事学术的目的，就不计这种追求的成败得失；在精神追求上，不是对他人有高标准的要求，而是对自己有高标准的要求；只有成为学术上的精神贵族，才能够挽救学术于庸俗和毁灭之中：

> 精神贵族与精神附庸的区别在于：前者会昼夜不停地思考并为此形销体瘦，后者则要求工作与自由时间分开；前者敢冒风险，静听内心细微的声音，并随着它的引导走自己的路，而后者则要别人引导，要别人为他订下学习计划；前者有勇气正视失败，而后者则要求在他努力之后就有成功的保证。②
>
> 精神贵族的意思是每个人对自己严格要求，并非表示高过他人和要求他人。大学里每一位成员、教授及学生的基本意识是，他要努力工作好象被召唤去做最伟大的事业一样，但另一方面则始终承受着不知自己能否成功的压力。因此最好的态度是以这种想法来反省自己，严以律己，同时也不必过分期待得到外界的承认。③

---

① ［德］卡尔·雅斯贝尔斯：《什么是教育》，邹进译，生活·读书·新知三联书店1991年版，第170页。

② ［德］卡尔·雅斯贝尔斯：《什么是教育》，邹进译，生活·读书·新知三联书店1991年版，第147—148页。

③ ［德］卡尔·雅斯贝尔斯：《什么是教育》，邹进译，生活·读书·新知三联书店1991年版，第168—169页。

五、德里克·博克的学术人格思想

德里克·博克(Derek Bok，1930—)，美国当代著名教育家。博克在其经典之作《走出象牙塔——现代大学的社会责任》中涉及学术人格的思想主要有三个方面：学术自由、学术道德、学术责任。

(一)学术自由

博克认为，学术自由的内涵非常广泛，不但包括一般意义上的学术自由，而且实际上包含学校自治。

> 在随后几十年中，学术自由的内涵不断得到丰富。除了保护教授个人之外，学术自由逐渐把学校在教育政策方面的自主权也纳入其概念范畴。尤其值得一提的是，大学凭其从未有过的态度坚持认为课程设置、招生政策及学术标准等应该由教师而不是外界组织来确定，应该根据实现大学教育目标这一目的来确定。①

博克重点在言论自由的意义上谈学术自由。博克认为，大学之所以要坚持言论自由，根本原因在于言论自由不仅有助于丰富和激励个人生活，而且有助于人们充分参与智力的交流，从而有助于人的价值观的培养和创造力的发挥。

> 所有形式的言论自由，都可以根据两个基本理由来判断。就个人而言，他所选择的言论和写作权力作为一种自由形式在

---

① [美]德里克·博克：《走出象牙塔——现代大学的社会责任》，徐小洲、陈军译，浙江教育出版社2001年版，第6页。

许多重要方面都有助于丰富和激励其生活。这种自由一旦被剥夺,他就失去了充分参与智力交流活动的机会,而智力交流活动却是有助于培养人的价值观,有助于认识世界,有助于发挥那些最具人性特点的思维和想像力的。①

博克认为,言论自由在美国还具有特殊的重要意义,“言论自由,除了对个人具有重要意义之外,传统上在美国已被看做是与社会福利同等重要的一个问题”②。“我们承诺言论自由与其说是逻辑或经验论证的产物,还不如说是一个事关信仰的问题。”③简言之,言论自由在美国已然成为一项核心价值,甚至被当作一种神圣不可侵犯的信仰,这必然意味着言论自由在美国的大学、在美国的学术研究中也不例外。

当然人们也会担心言论自由可能带来的负面作用。就这一观点,博克认为,言论自由可以通过言论自由自身来消解,这就是公开的辩论。具体说,当一种错误的有害的言论出现时,人们可以提出正确的有益的观点,对这种错误的有害的言论加以批评,从而起到将错误的有害的观点的负面作用降低到最低程度。

行使这种自由也总是可能会出现差错和误解,从而误导公众,最终制订出有害的实际政策。然而,与其他许多国家相比,我们的国家选择了鼓励公开辩论的方式来防止危害的出现,而

① [美]德里克·博克:《走出象牙塔——现代大学的社会责任》,徐小洲、陈军译,浙江教育出版社 2001 年版,第 17 页。
② [美]德里克·博克:《走出象牙塔——现代大学的社会责任》,徐小洲、陈军译,浙江教育出版社 2001 年版,第 17 页。
③ [美]德里克·博克:《走出象牙塔——现代大学的社会责任》,徐小洲、陈军译,浙江教育出版社 2001 年版,第 18 页。

> 不是依靠审查制度。只有这样做,各种思想才能够得到评判,以便我们在持续的争辩和讨论过程中纠正错误。①

具体到大学的学术研究,博克认为,学术自由有利于大学教师发挥出最佳的工作状态,有利于知识的探索;反之,对学术自由加以限制,会扼杀研究者的探索精神,会阻碍学术发展。

> 学术自由原则始终是以一个坚定的信念为基础的,即:如果学者能够按照自己的观点行事,不受任何官方正统的道德和思想观念的限制,那么知识探索将会是极富成效的。②
>
> 才智超群、想像力丰富的人往往会抵制那些限制和指令,因为在这种情况下,人们不能发挥出最佳的工作状态。对学者们公开持有的观点和理论进行限制的做法甚至比那些集权化指令更令人讨厌,因为这种限制扼杀了大胆的探索精神,同时也阻碍了整个研究领域的发展;因为研究领域的发展对那些极力想维持现状的人来说似乎是一种威胁。③

因此,"学术自由不只是社会对言论自由作出承诺的一种反映,而且还是捍卫大学目的和教职员工利益必不可少的一个条件"④。具体地说,表现在两个方面:"一方面,对教师和学者来说,能否继续享

---

① [美]德里克·博克:《走出象牙塔——现代大学的社会责任》,徐小洲、陈军译,浙江教育出版社2001年版,第18页。

② [美]德里克·博克:《走出象牙塔——现代大学的社会责任》,徐小洲、陈军译,浙江教育出版社2001年版,第213页。

③ [美]德里克·博克:《走出象牙塔——现代大学的社会责任》,徐小洲、陈军译,浙江教育出版社2001年版,第19—20页。

④ [美]德里克·博克:《走出象牙塔——现代大学的社会责任》,徐小洲、陈军译,浙江教育出版社2001年版,第20页。

有言论和写作自由的权力对教师和学者来说具有极大的利害关系，因为他们的一生都在致力于发展新的思想，阐述新的观点。另一方面，大学也极其注重言论自由，因为没有言论自由，大学顺利开展聘任最具创造力的科学家和学者的工作就会受阻；同时，大学因受到这样那样的审查的影响，会危及其对社会作出的最具特色的贡献—知识的探索和新的发现。"[①]

博克最终的结论是："大学应该毫无保留地支持这些原则，因为言论自由对大学的中心使命来说至关重要。"[②]

(二) 学术道德

博克首先引用两个人的评论表示他对学术道德的重视，一是耶鲁大学的诺厄·波特在 1871 年的就职演说中讲道："一个学院里最有效的道德影响力来自于教师的个人品格……一个高尚的品格，再加上学者的智力和成就的尊严就可以成为一种启迪和追求。"[③]另一个是埃默特针对早期哈佛大学的评论："过硬的专业知识和教学能力无疑是取得学术成功必不可少的两个条件。但除此之外，还有一种素质，用一个恰当的词来形容的话，即学术道德，这也是必不可少的。我们不能说埃默特先生不注意学识或教学才能，但他最关注的还是品德问题……他在担任校长的漫长任期内实施的院系改革过程中最突出的一点，便是他对这种品质的非凡眼力。他可以透过一个人错误的言谈举止表面发现这种品质，也可从看似最符合资格条件的人

---

① [美]德里克·博克：《走出象牙塔——现代大学的社会责任》，徐小洲、陈军译，浙江教育出版社 2001 年版，第 20 页。

② [美]德里克·博克：《走出象牙塔——现代大学的社会责任》，徐小洲、陈军译，浙江教育出版社 2001 年版，第 18 页。

③ [美]德里克·博克：《走出象牙塔——现代大学的社会责任》，徐小洲、陈军译，浙江教育出版社 2001 年版，第 134 页。

身上发现其缺乏道德的本性。"①

后来的大学由于各种原因,将早期注重道德的观点束之高阁,对道德表现出一种淡漠,一味突出学术自由和学术成就。针对这种情况,博克指出:

> 一所大学如果不愿认真对待道德问题,就违背了其对社会应负的基本责任。同样,一所大学不组织其成员讨论这些问题,不提出合理的理由来解释其政策,会让人觉得它对道德问题漠不关心,因此会让很多关心社会问题并希望他们的学校能作出积极反应的教师和学生们感到沮丧。②

博克由此指出,从学生教育的角度讲,大学应当开设道德课程,对学生进行道德教育,让学生学会道德推理,即做出正确的道德判断。

> 这类以分析问题为主的课程可以鼓励学生更慎重地确定他们的道德价值观,使他们充分理解构成和维护那些规范的理由。除非有人说道德价值观不需要任何的智力基础,否则这种思考的过程会有助于培养学生形成一套更清晰、更一致的道德原理,学会尊重他人的利益和需要。此外,我们有理由认为那些能够充分理解自身的道德标准内涵的学生更有可能把这些标准用于

---

① [美]德里克·博克:《走出象牙塔——现代大学的社会责任》,徐小洲、陈军译,浙江教育出版社 2001 年版,第 134 页。

② [美]德里克·博克:《走出象牙塔——现代大学的社会责任》,徐小洲、陈军译,浙江教育出版社 2001 年版,第 143 页。

实践，会为那些为了私利牺牲道德标准的想法感到不安。[①]

从学术研究的角度讲，学术研究要有高尚的道德规范："和其他各种人类事业一样，好的科学研究要求有高尚的道德规范——研究者们所具备的一种常识，认为科研工作值得去做，应受到广泛尊重，而且必须是在公正合理的条件下开展。"[②]特别是，学术研究者应当对学术研究中面临的道德问题要有更加自觉的意识。"自60年代中期起，知识探索的各个领域在有关重大的人类问题及其固有的道德性方面，常受到严厉的质问，甚至野蛮的攻击。美国在广岛投下第一颗原子弹后，科学家们几乎都难逃这样的指责。但是，无论用什么标准来衡量，他们已设法经受住了抨击，值得注意的是，他们的精神没有丧失。卓越的研究者比以前更关心自己工作的社会意义，对研究工作中进退两难的道德问题更加警觉。"[③]

（三）学术责任

由于人们长期奉行"研究无禁区"的观点，所以很少考虑学术研究是否会带来不良后果的问题，很少要求研究者对自己的研究应当存在一种责任意识。原因是："在他们看来，知识是中立的。如果一项新发现造成了令人不快的后果，这不应该是研究者的责任，而应是那些故意用不恰当的方法应用新技术的政府官员和公司经理负责。"[④]但正如博克指出：

---

① ［美］德里克·博克：《走出象牙塔——现代大学的社会责任》，徐小洲、陈军译，浙江教育出版社2001年版，第149页。

② ［美］德里克·博克：《走出象牙塔——现代大学的社会责任》，徐小洲、陈军译，浙江教育出版社2001年版，第163页。

③ ［美］德里克·博克：《走出象牙塔——现代大学的社会责任》，徐小洲、陈军译，浙江教育出版社2001年版，第167页。

④ ［美］德里克·博克：《走出象牙塔——现代大学的社会责任》，徐小洲、陈军译，浙江教育出版社2001年版，第196页。

> 这种传统的观点随着原子弹的爆炸而动摇了。广岛原子弹爆炸事件在科学家中间引发了一场漫长而痛苦的争论，这场争论可能永远也不会彻底结束。虽然争论未形成任何一致的意见，但显而易见的是，这个传统的观点已变得不再理直气壮。研究者不能再认为自己不用为其研究发现所带来的后果承担任何责任。其中的一个极端例子就是，为纳粹服务的德国科学家开展的人类痛苦极限研究肯定应该受到谴责。①

博克认为，学术研究的确需要考虑社会责任，但是不要过分夸大这个问题，除非有充足的理由，否则不应当隐瞒自己认为正确的研究结论。

> 学者们应该记住，自己的首要责任是探索真理，只有令人信服的理由才能让他们隐瞒自认为是正确的研究结论。他们在思考这个问题时，应该充分面对现实，不要夸大学术著述对具体政策决定的影响力。②

博克还区分了科学研究与社会研究的不同，

> 思想和危险的研究方法之间有不同之处，前者在公开辩论中会遭遇到对立的思想，而对于后者的应用，除非是遭到禁止，否则所带来的直接危害是用其他任何方法都不能遏制的。因此，如果科学家研究的方法会侵犯他人隐私，或使公众受到核爆

---

① [美]德里克·博克：《走出象牙塔——现代大学的社会责任》，徐小洲、陈军译，浙江教育出版社 2001 年版，第 196 页。

② [美]德里克·博克：《走出象牙塔——现代大学的社会责任》，徐小洲、陈军译，浙江教育出版社 2001 年版，第 201 页。

> 炸和有毒化学物的威胁，那他们探索真理的权利应该受到限制。在这种情况下，大学禁止科学家们采用此类研究方法，是不违背学术自由原则的。①

博克的意思是，社会研究的对象主要是思想，而思想问题可以通过思想来解决，因此不需要研究者对此承担过多责任，即在社会研究上可以采取最大限度的学术自由。反之，一种有害的科学研究，除非加以禁止，否则其不良后果是无法避免的，因此，科学研究应当承担比社会研究更大的社会责任。

总之，博克虽然认为学术研究要有社会责任意识，但对学术研究的社会责任，既不要忽视，也不要夸大。特别是，在重视学术研究的社会责任的同时，要尽可能地避免对学术自由的危害

> 就大学领导者而言，他们有义务全力保护大学免受外界限制师生个人言论自由的压力干扰，保护大学免受外界对大学事务的决策干涉，如招生、教师选择和课程设置等。任何一所大学都不可能在维护其学术自由和学校自治权时持“中立”态度。相反，这些价值观点是大学使命的核心之所在，如果没有令人信服的理由，是决不能放弃的。②

① [美]德里克·博克：《走出象牙塔——现代大学的社会责任》，徐小洲、陈军译，浙江教育出版社 2001 年版，第 213—214 页。

② [美]德里克·博克：《走出象牙塔——现代大学的社会责任》，徐小洲、陈军译，浙江教育出版社 2001 年版，第 340 页。

第三章 学术人格的基本规定与价值

学术人格是指从事学术研究的人在学术研究活动中所具备和体现出的、以获得增量知识和方法为目标且与目标之间存在必然关系的稳定的内在品质。据此，学术人格应以是否有助于实现学术研究的直接目标——获得增量知识与方法——为界定标准。可以说，凡是有助于获得增量知识与方法这一目标实现的人格，都属于学术人格。换言之，学术人格就是学术目标得以实现的主体性要求。学术人格的基本规定就是依据学术人格的界定标准，结合“西方主要学术人格思想”的资源而提出的。①

一、学术人格的基本规定

（一）学术自由

自由与人格是共生的关系，没有自由，就没有人格。这是因为人格源自主体自我的认同和选择，凡是自外而内强制的东西，本质上不属于被强制者，而属于强制者，被强制者不过是强制者的工具。主体一旦作为一种工具，对其自身而言是不可能具有真正意义上的人格

① 学术人格不限于本书讨论的几个方面，还有诸如学术热情、学术勇气、学术毅力，等等。但这些方面都是存在广泛共识的、毋庸置疑的学术人格，因此本书对这些学术人格不予专门讨论。

的。由此可见，学术研究中首要的学术人格就是学术自由。

1. 学术自由与学术的关系

学术研究在于求知求真，获得增量知识和方法，学术自由则是保障学术研究得以可能的重要条件。如果某一对象或者领域被划定为学术研究的禁区，而且这一禁区成为名副其实的禁区，即任何人都无法突破这个禁区，那么对于这个被划入禁区的对象或领域的认知就无从谈起。这意味着，当学术研究中充满了这样或那样的禁区的时候，知识的增长就会受到极大的抑制。知识的增长受到了极大的抑制，人类文明的繁衍也就受到了极大的抑制。因此，自由是文明繁衍、知识增长、学术进步的内在要求亦即基本规定。

2. 学术自由的内涵

意大利著名学者莱奥尼认为："定义通常可以区分为两种，'规定性'(descriptive)的和'词典式'(lexicographic)的。两者描述的都是赋予一个词的含义，但前者所描述的是下定义的人自己赋予该词的含义，而后者则描述了一般人普遍接受的该词的含义。"①那么，何谓学术自由呢？就"词典式"定义而言，对学术自由内涵的解释比较权威的说法有：孟禄(Paul Monore)主编的《教育百科全书》认为："学术自由是指在具有高深学问的高等教育机构中教学并证明真理的自由，或探求真理而不受政治、官僚或宗教权力的干扰的自由。"②《简明不列颠百科全书》认为："学术自由是指教师和学生不受法律、学校各种规定的限制或公众压力的不合理干扰而进行讲课、学习、探求知识及研究的自由。"《大美百科全书》认为："学术自由是指教师的教学和学生的学习有不受不合理干扰和限制的权利，包括讲学自由、出版自由及宗教自由。"《国际社会科学百科全书》认为："学术自由是

---

① [意]布鲁诺·莱奥尼等：《自由与法律》，秋风译，吉林大学出版社2004年版，第48页。
② 转引自谢俊博士论文：《大学的学术自由及其限度》，西南大学2010年，第11页。

根源于思想自由的一种特殊形式的自由，其基本意义是指大学或其他高等学校教师具有的发表、讨论学术观点而免受恐惧的自由。"《哥伦比亚大百科全书》认为："学术自由是指学者不受雇佣他们的院校控制或约束而从事研究、教学以及出版的自由以及终身受雇佣的权利，从法律上看学术自由是民主国家的所有公民共享的公民权。"[①]

就"规定性"定义而言，对学术自由内涵的解释比较权威的说法有：迈克尔·博兰尼(Michael Polanyi)认为："学术自由包括选择自己探究的问题的权利，不受任何外在控制的自由从事研究的权利，以及基于自己的见解教授自己的课题的权利。"[②]迈克尔·泰勒(Malcalm Tight)认为：学术自由是指"学者个人在从事学习、教学、研究以及出版时可以免于服从或免于遭遇不正当的干预的自由。"[③]爱德华·希尔斯认为："学术自由，在这里所使用的意义上，是学者个人根据自己的学术倾向和学术标准从事教学、研究的自由、通过言论和写作、出版著作等形式在学术活动中支持他们基于研究证明是真实的观点的自由。"[④]唐纳德·肯尼迪认为："学术自由是指教授和他们的机构团体独立于政治干涉"[⑤]。"这种自由进一步延伸，就是允许具有非同寻常创造性的人享有非同寻常创造性的生活。的确，学术自由意味着松散的结构和最低程度的干涉。"[⑥]

综上所述，学术自由是学术研究者具有的从事某种学术活动的

---

① 以上均转引自谢俊博士论文：《大学的学术自由及其限度》，西南大学 2010 年，第 11—12 页。

② [英]迈克尔·博兰尼：《自由的逻辑》，冯银江等译，吉林人民出版社 2002 年版，第 36—37 页。

③ 转引自谢俊博士论文：《大学的学术自由及其限度》，西南大学 2010 年，第 12 页。

④ [美]爱德华·希尔斯：《学术的秩序——当代大学论文集》，李家永译，商务印书馆 2007 年版，第 279 页。

⑤ [美]唐纳德·肯尼迪：《学术责任》，阎凤桥等译，新华出版社 2002 年版，第 3 页。

⑥ [美]唐纳德·肯尼迪：《学术责任》，阎凤桥等译，新华出版社 2002 年版，第 3 页。

权利，亦即学术研究者在从事某种学术活动的过程中，具有的免于他人或某种组织干涉的自由。对大学教师而言，学术自由主要包括研究自由、教学自由、学习自由，等等。本书探讨的学术自由主要是指学术研究的自由。因此，就学术研究而言，学术自由是学术研究免于干涉、不受侵犯的保障；大学应以学术自由为原则，使大学教师可以自由地选择自己的研究对象、研究范围。

3. 学术自由的界限

需要指出的是，学术自由并不是任意的、绝对的自由，而是在一定范围内的相对的自由。换句话说，学术自由存在一个范围或者说划界的问题，而这个划界的标准就是真理："大学是个公开追求真理的场所，所有的研究机会都要为真理服务，在大学里追求真理是人们精神的基本要求，因此，它给大学带来了勃勃生机，是大学进步的条件。"①"为了保证知识的准确和正确，学者的活动必须只服从真理的标准，而不受任何外界压力，如教会、国家或经济利益的影响。"②

那么，真理的要件是什么呢？一曰事实，二曰逻辑。凡是违背事实的，不可能是真理；凡是违背逻辑的，不可能是真理。因此，是否尊重事实，是否遵守逻辑，一言以蔽之，是否坚持真理，就是学术自由的界限。

当然，这并非意味着从事学术研究的大学教师的观点或者结论必须时时刻刻都是正确的，而是说就他自己的主观态度而言，不能故意违背事实，故意违背逻辑。事实上，假如从客观的结论来看，许多学术研究的结论往往都是错误的。如果以是否正确为标准，那么人们就无法展开学术研究，这是因为学术研究本身就是一个充满错误

① [德]卡尔·雅斯贝尔斯：《什么是教育》，邹进译，生活·读书·新知三联书店 1991 年版，第 169 页。

② [美]约翰·S. 布鲁贝克：《高等教育哲学》，王承绪等译，浙江教育出版社 2002 年版，第 46 页。

和冒险的过程,人们对真理的获得也是这样一个过程。因此,将真理作为学术自由的界限,不是从客观的结果来看,而是从主观的态度,即是否为了追求真理抑或是否故意违背真理的主观性的态度来衡量。

在追求真理即尊重事实、遵守逻辑的态度下,学术自由意味着大学教师应该具有自由选择自己研究对象的权利,亦即有不受任何外在干涉、侵犯、强制、禁止或惩罚的权利。正如雅斯贝尔斯所言:"大学的师生追求真理不负任何直接、实际的责任,他们只对真理本身负责任,研究者共同为真理而斗争。"①一言以蔽之,学术自由意味着自由地追求真理。

4. 作为学术人格的学术自由

前文所述的是通常意义的学术自由,是从外在的、客观的角度来论述的学术自由,即学术自由被当作学术研究的外在的、客观的条件和原则。但人格并不是一个外在的客体性概念,而是一个内在的主体性概念。因此,作为学术人格的学术自由不同于作为学术条件的学术自由。

作为大学教师学术人格的学术自由,是指大学教师把学术自由作为自己从事学术研究的原则与信仰,从而在其身上具有一种追求学术自由、坚持学术自由、捍卫学术自由的意志品质和精神气概。具体说,作为大学教师学术人格的学术自由,表现在以下几个方面:(1)学术研究唯一服从的对象是真理。所谓服从真理,就是尊重事实,遵守逻辑。(2)学术研究对象、研究方法、研究过程必须经由大学教师自由、科学地选择和确定,而非任何外在的强加和干涉。(3)反对任何形式的不顾事实和逻辑的研究结论,对不顾事实和逻辑的研

① [德]卡尔·雅斯贝尔斯:《什么是教育》,邹进译,生活·读书·新知三联书店 1991 年版,第 170 页。

究结论应毫不犹豫地予以拒斥，哪怕是为此付出这样或那样的代价。

如果大学教师在从事学术研究的过程中，能够尽可能地恪守上述三个原则，那么他就是具有（学术）自由这一人格的人。陈寅恪先生在《王观堂先生纪念碑铭》中所书："士之读书治学，盖将以脱心志于俗谛之桎梏，真理因得以发扬。思想而不自由，毋宁死耳。"此种说法将学术自由这一学术人格推高到巅峰极致。虽然这样的学术人格很难做到，但它是一个标杆，力所能及地去践行，仍然是可能的。

（二）学术忠诚

1. 学术忠诚与学术的关系

学术自由体现的是学术主体与外在环境的关系，学术忠诚体现的则是学术主体与学术对象之间的关系。因此，学术忠诚是一种更为内在和直接的学术人格。换言之，学术忠诚是大学教师坚守学术的最为直接的人格力量。没有对学术的忠诚，就没有真正的学术。假如大学教师不忠诚于学术，即从事着与学术相背离的活动，但又美其名曰从事学术，必然有着学术之外的原因和目的。在这种情况下，所谓的学术只不过是通过背离和扭曲学术的方式，以实现学术之外的某种目的的工具；在这种情况下，学术就不能是其所是，学术就不能成为学术。因此，学术忠诚是学术得以成为学术的内在的、直接的主体性人格要素，背离了学术忠诚的所谓学术，就是"伪学术"。

当大学教师不忠诚于学术，而是把学术仅仅当作实现其他目的的手段和工具时，他就很容易为了这样或那样的目的，基于这样或那样的压力，任意支使所谓的学术，随后出现的就是学术浮躁、学术不端、学术腐败、学术异化等消极的学术人格。导致这些现象最直接的原因就是从事学术研究的人缺乏对学术的忠诚。学术浮躁、学术不端、学术腐败、学术异化等消极的学术人格不仅违背了学术的宗旨，而且也在不断地摧毁着学术环境。因此，学术忠诚是捍卫学术道德的最内在、最直接的人格力量。

2. 学术忠诚的内涵与宗旨

学术忠诚的内涵取决于学术研究的宗旨。学术研究的宗旨是求知,即探求真理。离开了求知与真理,就不存在学术研究。从狭义的方面理解学术忠诚的内涵就是忠诚于求知与真理,而忠诚于求知与真理,就是忠诚于真理的基本要求——事实与逻辑,离开了事实与逻辑,就谈不上求知与真理。扭曲事实,歪曲逻辑,产生的只能是谬误而非真理,这与求知和真理的本性是相矛盾的。因此,进一步说,忠诚于求知与真理,就是尊重事实,遵守逻辑;事实与逻辑,是学术研究中唯一服从的对象;学术研究中的一切观点与结论,都要以事实与逻辑为根据,任何不合事实和逻辑的东西,都不能作为学术观点和结论的依据。

3. 可以有但不是必须有的学术忠诚

学术忠诚的内涵,除了可以从狭义的方面理解之外,还可以从广义的方面去理解。广义的学术忠诚,除了忠诚于求知与真理即忠诚于事实和逻辑之外,还存在其他的维度,主要表现在:(1)将学术忠诚理解为对学术研究的终身从事和热爱,即一旦选择了学术研究,就一生从事学术研究,不会再背离学术研究去从事其他职业。(2)将学术忠诚理解为在同时从事学术和其他工作的时候,对学术存在倾心和偏爱,或者说以学术为本。(3)将学术忠诚理解为学术动机上的纯粹性,即"为学术而学术"——不为别的目的,只为学术自身。

第一种观念把学术忠诚理解为终身从事并热爱学术研究。事实上,在不违背道德和法律的前提下,人们拥有对自己的职业、兴趣、爱好等进行自由选择的权利,大学教师也不例外。他们可以选择从事学术研究,也可以选择不从事学术研究;可以过去从事学术研究,而现在放弃学术研究;可以过去没有从事学术研究,而现在从事并热爱学术研究。因此,大学教师终身从事并热爱学术研究的确值得鼓励,的确是学术忠诚的一种表现,但这种学术忠诚,不是必须的忠诚。这是因为，要求某些人终身从事并热爱学术研究，不是一种义务，而是人们自由选择的权利。

第二种观念把学术忠诚理解为以学术为本。当一个人服务的对象或者从事的活动是多方面的时候，以学术为本，的确是学术忠诚的一种表现，但同样这也不是一种必须的忠诚。这是因为，我们不能说学术与其他活动相比较，具有首要的价值，或者说对这个人具有首要的意义。一个人究竟以什么活动为本，取决于自己的选择和实际情况。要求一个人在任何情况下都要以学术为本，是一种教条主义。

第三种观念把学术忠诚理解为"为学术而学术"。诚然，"为学术而学术"的确是学术忠诚的表现，而且是学术忠诚的最高表现，但同样"为学术而学术"不是一种必须的忠诚。这是因为，把学术作为实现其他目的的手段与探求真理的学术宗旨并不一定相矛盾，学术研究的宗旨是探求真理，真理本身就有工具性价值，人们探求真理的目的往往就是为了服务于人类自身的需要。因此，动机上的纯粹性也不是必须的忠诚。

总之，是否学术终身、学术为本、"为学术而学术"都不是必须的忠诚。大学教师有权决定自己是否继续从事学术，有权决定自己到底以什么服务对象或从事什么工作为主，有权决定为学术而学术抑或为其他目的而学术。唯一的要求是，只要从事学术研究，就要忠诚于学术，即忠诚于学术的宗旨——求知与真理，忠诚于真理的基本要求——事实与逻辑。

（三）学术中立

1. 学术中立的内涵

学术中立的内涵有两个基本的方面：一是指学术不应当涉及自己不应当涉及的领域，二是指学术应当站在不偏不倚的立场上说话。所谓不应当涉及自己不应当涉及的领域，是指学术不应当涉及超出自己职责或能力范围的事情；所谓应当站在不偏不倚的立场上说话，是指学术应当遵守学术的本分，以真理的基本要求——事实和逻辑为准，从事实和逻辑中得出结论，而非不顾事实和逻辑，刻意附会和迎合某一观点或立场。因此，学术中立是学术忠诚的具体表现。

2. 学术中立的根据

学术不应当涉及自己不应当涉及的领域的思想主要来自韦伯。人们将韦伯的这一学术中立思想通常称为“价值中立”或者“价值无涉”。要理解韦伯的“价值中立”“价值无涉”，就要看韦伯所说的“价值”究竟是指什么。韦伯所说的价值，并不是我们通常所指的使用或实用意义上的价值，而是指“善”或“应当”意义上的价值观，即作为一种世界观意义上的价值。

主张“价值中立”的根本缘由在于价值判断超出了学术能够胜任的职责范围。学术的宗旨是求知求真，以知识和真理为最直接的目标，离开了求知求真，离开了知识与真理，就谈不上学术。但非使用/实用意义上的价值观或者说世界观意义上的价值观很难成为经验意义上的知识或真理，因为这样的价值观在是否具有普遍性和客观性上，人们很难达成共识，而普遍性和客观性是衡量知识、真理的一个标准。比如，人终有一死是一个事实判断，谁也无法否定，因而是一种知识或真理。但食肉是否是正当的，不是一个事实判断，而是一个价值判断，不同的人可以基于不同的理由做出不同的判断，人们很难就食肉是否是正当的达成一致的共识。既然价值判断意味着不同的人常常可以做出不同的判断，换言之，人们很难就价值判断达成共识，那么价值判断最好不要被归入知识或者真理的范畴。既然价值判断不宜归入知识与真理的范畴，而学术离开了知识与真理，就不是学术，那么价值判断就不宜作为学术能够胜任的职责范围内的事情。既然价值判断不宜作为学术能够胜任的职责范围内的事情，那么学术就不应当以价值判断为目标，反之，最好对价值判断保持置身事外的立场。再者，我们也无法从事实判断中推出非使用/实用或世界观意义上的价值判断。比如,我们不能由安乐死可以减少病人的痛苦这一事实,推断出安乐死就是应当或正当的价值判断。

学术应当站在不偏不倚的立场上说话,根源于学术的职责或者说宗旨的根本要求。学术的根本职责、宗旨是求知求真,而求知求真的根本要求是尊重事实,遵守逻辑。离开了事实和逻辑,求知求真就无从谈起;离开了求知求真,学术就无从谈起。因此从逻辑上说,学术就应当不偏不倚,不应当"存偏见""拉偏架""选边站"。反之,如果学术不采取中立的立场,那就意味着学术从一开始就不是为了弄清是非对错,因而也不会以事实和逻辑为准。当不以弄清是非对错为目的,不以事实和逻辑为准,否定学术中立时,这样的学术就根本与学术无关,只不过是打着学术的旗帜以更好地实现非学术的目的而已。

3. 学术中立的可能

否定学术中立者认为,其一,事实判断与价值判断不可能相分离,人们总是带着一定的价值判断对事实进行判断;其二,怀有不同的价值观,会影响到一个人的学术研究;其三,人们不可能站在不偏不倚的立场上说话,其观点总是有利于某一方,因而总是站在某一方的立场说话。这些否定学术中立的观点是建立在对学术中立及相关问题的误解之上的。

的确,人们在面对事实时,头脑中总是存在既定的价值判断,然后依照既定的价值判断对眼前的事实做出这样或那样的判断。比如,面对故意杀人的事实,有的人会主张死刑,有的人会反对死刑,无论主张死刑还是反对死刑,都是根据自己的价值判断或者价值观做出的主张。但无论人们根据自己的价值观对同样的事实最终做出怎样的主张,也不能否定事实判断和价值判断的区别,即不能否定事实的客观性和价值判断的主观性。这正好说明学术最能胜任的是事实判断而非价值判断,因为主观性的价值判断意味着差异性的可能,而知识、真理以普遍性为准，离开了普遍性，谈不上知识、真理，而离开了知识、真理，就谈不上学术。

的确，持有不同的价值观会影响其学术研究。比如，当他将学术研究看作上帝赋予给自己的神圣使命时，或者将学术研究看作富民强国的道路时，或者将学术研究看作实现自己的人生价值时，即当不同的人对学术研究怀有不同的动机、价值、目标时，必然会影响到其学术研究的状况，影响学术研究的对象、抱负和成就等等。因此，无论学术研究者的价值观如何影响其学术研究，不能影响的则是事实判断，如果影响事实判断，即以价值观裁剪事实，那就意味着扭曲事实，歪曲逻辑。当一个人扭曲事实，歪曲逻辑时，就不再是学术研究，而是学术造假。以牛顿为例，当他提出万有引力时，这是学术研究；但当他假设宇宙运动的第一推动力是上帝时，就不再是学术研究。

的确，学术研究者的学术观点或者结论，总是有利于某一方而不利于某一方。比如，专家、学者通过长期的研究发现转基因食品对人体健康并无影响，这一结论必然有利于那些从事转基因生意的农业种籽公司，而不利于那些没有从事转基因生意的种籽公司，反之亦然。但我们不能由此说，学术研究者的研究不是中立的。因为中立的标准并非观点或者结论不能有利于谁，而是观点和结论是否忠于事实和逻辑，只要忠于事实和逻辑，就是中立的。至于观点或者结论有利于谁或者不利于谁，那是无法避免的。

总之，只要存在事实和逻辑、知识和真理，否定学术中立就是不可能的，因为否定学术中立，意味着认为事实和逻辑、知识和真理是不可能存在的。

4. 否定学术中立的后果

如果否定存在学术中立，那就意味着否定存在知识和真理，否定存在事实和逻辑，否定存在是非和对错，一切都是个人的主观偏见，一切取决于你站在谁的立场上说话。如此一来，必然会陷入知识、真理的虚无主义。既然不存在学术中立、事实和逻辑、是非和对错、知识和真理，那么所谓求知求真，不是捕风捉影、凌空蹈虚吗？剽窃与不剽窃，造假与不造假，腐败与不腐败又有何区别？因此，否定学术中立，将会导致知识、真理的虚无主义，并最终导致学术道德的败坏。

5. 对学术中立存在的误解

第一，学术中立并不意味着人们不能做任何价值判断，而仅仅是说，当从事学术研究时，不应当替人们做出所谓学术意义上的价值判断，因为根本不存在学术意义上的价值判断；在学术之外，任何人都有权做出自己的价值判断。需要指出的是，当人们进行价值判断时，自身的活动已经超出了学术的范畴，迈向了非学术领域。这时进行的活动，可以随便称作别的什么，但不可以称作学术研究，因为它本身不是学术研究。

第二，学术中立并不意味着不可以对与价值相关的问题展开研究。相反，学术可以就某一价值观的形成原因、演变过程、影响后果等等进行研究，但这种研究仍然是基于事实和逻辑的分析，而不意味着可以由此替人们进行价值判断和选择。学术中立始终意味着任何人无权替他人做出价值判断和选择，价值判断和选择是属于每一个具体的个人的权利。

第三，学术中立不是学术折衷，即在两种不同的观点或结论之间选择一个折衷的立场。折衷的立场可以作为调节人际关系的方法，但它不是知识、真理，学术的宗旨是求知求真。简言之，折衷可用之于实践，但不可用之于认识。因此，折衷的方法与学术没有任何内在关系。比如，当一个人认为水在 100 摄氏度的时候会沸腾，另一个人认为水在 80 摄氏度的时候会沸腾，然后第三个人采取折衷的立场说，水在 90 摄氏度的时候会沸腾，这显然是荒唐可笑的。因此，学术中立不可能是指调和、折衷，而仅仅指以事实和逻辑为准。

第四，学术中立并不意味着学术研究过程中不可以进行预先的假设。学术研究完全可以进行预先的假设，学术研究甚至根本离不开假设，但假设不等于偏见，不等于站在谁的立场上说话，因为假设要接受事实和逻辑的检验，当不符合事实和逻辑的时候，就要做出修正。相反，那种否定学术中立的观点，则认为人们只能站在某一方的立场上说话，不可能有什么客观中立的观点。

第五，学术中立并不意味着学术不可以存在学术之外的其他动机。学术可以存在学术之外的其他动机，但不管存在什么样的动机，必须以求知求真为前提，必须以事实和逻辑为前提，否则就不存在什么学术研究了。当然我们要清醒地认识到，学术研究中的非学术动机越强，研究的学术性就可能越弱。

第六，学术中立并不意味着从事学术的人不可以从事学术之外的活动，只是说不能把学术之外的活动错误地当作学术研究，当进行学术之外的活动时，那就不再是学术研究，因为学术研究的职责和本分只是事实判断，而非价值判断。

（四）学术责任

1. 学术责任的内涵

学术责任是相对学术自由而来的一个概念，正如美国学者唐纳德·肯尼迪所言："与学术自由互为补充和对应的是学术责任，但后者却鲜为人用。在我们这样的民主社会里，这二者被视为是一个硬币的两面。"[①]因此，学术责任的基本内涵是指学术主体在从事学术研究的过程中，在享有学术研究自由权利的同时，应当承担的义务。同理，大学教师的学术责任就是大学教师在从事学术研究的过程中应当承担的相应的义务。在大学的学术环境中，大学教师学术责任的

① [美]唐纳德·肯尼迪：《学术责任》，阎凤桥等译，新华出版社 2002 年版，第 4 页。

核心是“完全责任”[①],“这意味着全力支持学校的目标”[②],即大学教师通过教学、发现、发表等活动使自身被学生或其他人视为“以某种方式对提高下一代人的能力和潜力负责的人”[③],这是大学教师的本质,也是大学教师的基本学术责任。

作为学术人格的学术责任,意味着大学教师对自己应当承担的学术责任有着清醒的意识和能够自觉履行应当承担的学术责任。“大学对社会承担学术责任的核心途径是教师的工作。大学教师做许多关于机构运转的重要决定,因而他们当然要对大学的日常工作承担相当的责任,这包括以种种方式教授本科生、为研究生的专业生涯铺路、从事研究和出版研究成果,以及为大学以外的社区提供服务。大学教师通过承担他们的学术责任来履行他们所在的机构对社会的责任。从这个意义上讲,人们完全可以断言,大学教师本身就是大学机构。”[④]大学教师承担着传统大学的所有职能,或者说,大学职能的发挥需要大学教师承担相应的学术责任,大学职能的发展要求大学教师的学术责任随之演变。因此,大学教师应该在教学、指导、管理、发现、发表,以及相关的校外活动中承担相应的学术责任,大学教师的学术责任不仅仅包括通过教学培养人才,还包括通过科研发展科学、为社会的发展提供服务。

2. 学术责任的基本方面及根据

学术责任的表现非常广泛,主要包括三个基本的方面:知识责任、道德责任、社会责任。

(1) 知识责任(包括技术)

知识责任是学术责任的首要责任,这既由大学教师自身的特殊

---

① [美]唐纳德·肯尼迪:《学术责任》,阎凤桥等译,新华出版社 2002 年版,第 25 页。
② [美]唐纳德·肯尼迪:《学术责任》,阎凤桥等译,新华出版社 2002 年版,第 25 页。
③ [美]唐纳德·肯尼迪:《学术责任》,阎凤桥等译,新华出版社 2002 年版,第 25 页。
④ [美]唐纳德·肯尼迪:《学术责任》,阎凤桥等译,新华出版社 2002 年版,第 19 页。

性所决定，也与学术活动自身是密不可分的。这是因为，学术活动是通过反复思考或试验，以获得增量知识或方法为目标且能够提供学理性解释的人类活动。前文提及，李伯重教授通过对“学术”（英文）一词的解释进行比较后指出：“所谓学术工作，就是由受过正规教育并在大学中工作的学者所进行的非实用性的研究工作。”[①]可见，学术活动自身要求大学教师首先具备知识责任的意识，包括高深知识的选择与传授、学术发现与学术发表、指导学生、参与管理及其他校外活动，这些活动均体现出大学教师承担的知识责任。

（2）道德责任

学术责任中的道德责任有两个判断根据，其一是学术宗旨，其二是他人权益。从学术宗旨的角度讲，学术活动本身必须是名副其实的学术研究活动，要求大学教师在从事学术研究的过程中必须以学术活动的标准即求知求真为前提。从他人权益的角度讲，在从事学术研究的过程中，要求大学教师用正当的而非不正当的手段从事学术研究，否则会侵犯到他人乃至社会公众的权益。大学教师必须具备道德责任的意识，充分保障学术活动的宗旨、保障他人乃至社会公众的利益。

无论从学术宗旨看，还是从他人权益看，学术抄袭、造假、腐败都是学术不道德行为，因为抄袭、造假、腐败，既违背了学术宗旨，又侵害了他人权益，更败坏了社会风气。

（3）社会责任

社会责任包括广义的社会责任和狭义的社会责任。狭义的社会责任是指学术主体（包括大学教师）对学术研究可能取得的成果是否存在消极影响或不良后果，要有一种预见性，以采取相应的措施加以避免。广义的社会责任，除了包括狭义的社会责任外，还包括知识责

---

① 李伯重：《论学术与学术标准》，《社会科学论坛》2005 年第三期。

任，即得到纳税人各种支持的学术主体（包括大学教师）应当对纳税人回报以知识（包括技术）上的贡献。但这里所讲的社会责任，是指狭义上的社会责任。

狭义的社会责任主要源自广岛原子弹爆炸对人们带来的心理冲击和反省："这种传统的观点随着原子弹的爆炸而动摇了。广岛原子弹爆炸事件在科学家中间引发了一场漫长而痛苦的争论，这场争论可能永远也不会彻底结束。虽然争论未形成任何一致的意见，但显而易见的是，这个传统的观点已变得不再理直气壮。研究者不能再认为自己不用为其研究发现所带来的后果承担任何责任。其中的一个极端例子就是，为纳粹服务的德国科学家开展的人类痛苦极限研究肯定应该受到谴责。"①人们意识到，科学研究并非一定都是好的，一定只是给人们带来福祉，相反，也可能会给人们带来可怕的后果，科学研究必须意识到相应的社会责任。正如第三次帕格沃什会议通过的《维也纳宣言》指出："科学家们由于具有特殊的知识，因而相当早地知道了科学发现所带来的危险和约束，从而他们对我们这个时代最迫切的问题也具有一种特殊的能力和一种特殊的责任。"②温伯格指出："科学共和国中一名合格科学家公民的所有品质当中，我宁愿把责任感当做科学家的最突出标志。一名科学家可能很有才华和想象力，并且手巧、深刻、广博、严谨等，但是，除非他是负责的，否则他就不大像一名科学家。"③科学研究中的责任意识，被推及到整个学术研究，就成为学术责任中的社会责任。事实上，大学教师在从事学

---

① [美]德里克·博克：《走出象牙塔——现代大学的社会责任》，徐小洲、陈军译，浙江教育出版社 2001 年版，第 196 页。

② 陈恒六：《从科学家对待原子弹的态度看知识分子的社会责任》，《政治学研究》1987 年第 6 期。

③ 科学、工程与公共政策委员会：《怎样当一名科学家——科学研究中的负责行为》，刘华杰译，北京理工大学出版社 2004 年版，第 39 页。

术研究的过程中同样承担着相应的社会责任，不仅如此，他们在知识的选择与传授、在人才培养、社会服务的过程中也应当承担相应的社会责任，这是大学教师这一特殊群体的最突出标志，是大学教师具备的学术责任之一。

3. 对狭义的学术责任的强调要审慎

学术研究必须考虑学术责任，学术主体必须要有责任意识。但是对狭义的学术责任的强调要审慎，更不能以学术责任的名义压制或禁止学术研究。学术研究跟任何事物一样充满了辩证法，对人类总是既有有利的一面，也有有害的一面，所以究竟是对人类有利还是有害，关键取决于如何应用它。如果仅仅因为它可能存在有害的一面，就加以限制或禁止，那么所有的学术研究都应当在被限制或者禁止之列，因为所有的学术研究都既有有利的一面，也有有害的一面。我们现在之所以接受了许多学术研究的成果，不是因为这些学术研究成果对人类只是有利，而是人类学会了如何使用它，学会了如何利用它的益处，学会了避免它的害处。

(五)“为学术而学术”

1. “为学术而学术”的基本内涵

“为学术而学术”是与“为求知而求知”“为知识而知识”“为真理而真理”“为科学而科学”“为艺术而艺术”等等相似的说法，大都讲的是从事此类活动的主观动机，表达的基本意思都是指，以追求的对象自身为目的，而非以追求的对象之外的其他事物为目的，或者说在所追求的对象中不参杂所追求对象之外的其他非对象性因素。相应地，“为学术而学术”的基本内涵是指，学术主体从事学术研究的主观动机是以研究对象自身为目的，而不以研究对象自身之外的其他事物为目的，或者说在所研究的对象中不参杂研究对象之外的非对象性因素。简言之，“为学术而学术”的核心内涵是追求学术研究的纯粹性。

2. “为学术而学术”的思想渊源

“为学术而学术”的思想主要源自古希腊哲人对知识的分类。柏拉图认为，知识可以分为实用知识和非实用知识。既然存在非实用知识，那么学习非实用知识，就不存在实用的目的，而是为了知识自身，即为学习知识而学习知识。当然，现实中很难存在没有一点实用价值的知识，但是柏拉图认为，即便存在实用之处，这些实用之处，也只是附带的结果，真正目的是“纯粹为了知识”①，比如几何学。亚里士多德继承了柏拉图的这一思想，认为存在着非实用知识，这就是哲学：“古往今来人们开始哲理探索，都应起于对自然万物的惊异……他们探索哲理只是为想脱出愚蠢，显然，他们为求知而从事学术，并无任何实用的目的。”②既然学习“这些知识不以实用为目的”③，那么学习这样的知识，只能是“为求知而求知”。亚里士多德在柏拉图的基础上，又进一步将非实用知识与自由联系起来，将以非实用知识为目的的科学定性为“自由学术”亦即“自由知识”：“显然，我们不为任何其他利益而寻找智慧；只因人本自由，为自己的生存而生存，不为别人的生存而生存，所以我们认取哲学为唯一的自由学术而深加探索，这正是为学术自身而成立的唯一学术。”④显然，亚里士多德之所以将非实用知识（哲学）定性为“自由学术”“自由知识”是类比“自由人”的概念。当一个人为他人而存在时，自己就变成了他人的手段或工具，手段或工具是无自由可言的；相反，当一个人把自己作为目的，为自己而存在时，自己就不再是他人的手段或工具，因而自己就是自由的。同理，亚里士多德认为，非实用知识（哲学）不是为了其他目的，而是为了自身而存在，因为人们学习哲学仅仅是出于好奇而非其

---

① [古希腊]柏拉图：《理想国》，郭斌和、张竹明译，商务印书馆 1986 年版，第 291 页。
② [古希腊]亚里士多德《形而上学》，吴寿彭译，商务印书馆 1959 年版，第 5—6 页。
③ [古希腊]亚里士多德《形而上学》，吴寿彭译，商务印书馆 1959 年版，第 4 页。
④ [古希腊]亚里士多德《形而上学》，吴寿彭译，商务印书馆 1959 年版，第 6 页。

他实用的目的,因此哲学是一种为自身而存在的学术,因此哲学就是一门自由的学术。古希腊的这种学习"非实用知识、自由学术"即"为知识而知识"的思想,到了近代的德国,被发扬光大。特别是韦伯提出"价值中立"或"价值无涉"的思想之后,"为学术而学术"成为一项影响极为深远的学术原则。① 受西方学术思想的影响,梁启超提出了"为学问而学问"②的提法,认为:"为学问而治学问者,学问即目的,故更无有用无用之可言"③,"凡学问之为物,实应离'致用'之意味而独立生存。"④

3. "为学术而学术"是否可能及其根据

古希腊哲人将"为学术而学术"的可能性建立在知识分类的基础上,他们认为知识可以区分为实用知识和非实用知识,学习和研究非实用知识,自然就是为了"求知而求知"。即便非实用知识可以带来实用的结果,但这只是附带的结果,主要还是"纯粹为了知识"。不管怎样,古希腊哲人实际上是将客观对象即研究对象的性质——是否实用作为"为学术而学术"得以可能的前提和根据。其实,将知识是否实用作为"为学术而学术"是否可能的前提和根据并不是十分恰当,因为知识很难严格地区分为实用知识和非实用知识。知识之所以很难区分为实用知识和非实用知识,在于人们对区分实用和非实用的标准可能是不一样的。假如实用和非实用的标准就是看一个事物能否帮助一个人实现其目的的话,那么实用与非实用是完全相对的。比如,对一个不懂哲学,不从事哲学工作的人来说,哲学完全是不实用的,因为哲学对他没有什么用处;但是对一个懂哲学,从事哲学工作的人来说,哲学却是实用的,因为哲学思维可以帮助他面对和

---

① 参见"第二章 西方主要学术人格思想梳理"。
② 梁启超:《清代学术概论》,天津古籍出版社 2004 年版,第 93 页。
③ 梁启超:《清代学术概论》,天津古籍出版社 2004 年版,第 46 页。
④ 梁启超:《清代学术概论》,天津古籍出版社 2004 年版,第 87 页。

处理一些实际问题，哲学工作可以给他带来实际的利益。同理，逻辑、数学、艺术、宗教，等等，都是如此。因此我们很难再以知识分类为前提，将研究对象的性质作为"为学术（求知）而学术（求知）"得以可能的前提和根据，认为追求哪些知识，可以"为学术而学术"，追求哪些知识，不可以"为学术而学术"。

"为学术而学术"应当仅就从事学术研究的主观动机而言，而非就客观的研究对象而言，更不能就客观结果而言。"为学术而学术"不能就客观结果而言在于：从事学术的客观结果不可能只是获得知识或真理的唯一的结果，因为知识、真理自身就具有工具价值，概括地说，知识、真理自身可以帮助人们进一步认识世界、改造世界，最终帮助人们实现自己这样或那样的目的。

有些人根据学术研究的客观结果无法避免这一角度否定"为学术而学术"的可能性。但是就主观的学术动机而言，"为学术而学术"是可能的，原因在于：动机只是一种主观意识或心理，不同的意识或心理可以在人的心灵中加以区分和取舍。就学术研究而言，一个人在主观意识或者心理上，完全可以只将学术研究对象作为自己从事学术研究的目的，而不将学术研究的结果作为自己从事学术研究的目的。

4. 避免"为学术而学术"的误解

人们总是容易将"为学术而学术"理解成如果从事学术，就专门从事学术，而不涉及学术之外的其他活动。这是对"为学术而学术"的误解，"为学术而学术"并非是说一个从事学术研究的人，就不能再从事学术研究之外的其他活动，而是说，当从事学术研究活动时，必须忠诚于研究对象，保持对研究对象的纯粹性，不要让自己的研究参杂其他不属于研究对象的非对象性因素。在学术研究之外，当然可以思考自己学术研究的价值，可以从事其他活动。举个例子来说，学习的时候，就应当专心于学习的对象，专注于学习的内容，不要在学习的时候，想着学习的种种功利性目的，或者想着学习之外的其他事情；但这不等于说，让一个人专心学习，就意味着在学习之外，不能思考学习的目的或者不能再做其他的事情，学术研究亦是如此。

5. “为学术而学术”是学术人格的最高境界

“为学术而学术”之所以是学术人格的最高境界，原因在于：(1)“为学术而学术”是一种最为纯粹的学术人格。因为“为学术而学术”仅仅是为了学术自身，而不考虑学术之外的目的。(2)“为学术而学术”是最难做到的一种学术人格。“为学术而学术”是可能的，至少在一时一地是可能的，但是很难做到长期不怀有学术之外的其他目的。(3)“为学术而学术”蕴含了其他一些学术人格。当一个人能够做到“为学术而学术”时，就不可能不做到学术自由、学术忠诚、学术中立，就不可能不具有学术热情、学术勇气、学术毅力，等等，因为这些学术人格与“为学术而学术”的要求是内在一致的，一个人不具有这些学术人格，就无法做到“为学术而学术”。(4)“为学术而学术”是学术人格的最高标杆。虽然“为学术而学术”很难做到，但是它为学术人格确立了一个最高标杆即最高标准，从事学术的人，可以向这个标杆努力。

二、学术人格的基本价值①

(一) 学术人格与知识进步

学术人格是应学术宗旨的要求而产生的。学术人格之所以为学术人格，是相对和围绕学术宗旨而言的，学术人格的使命就是帮助学术宗旨的实现，因此学术人格与学术宗旨有着内在的本质的一致性。学术的宗旨是求知求真，即获得知识与真理。因此，学术人格自然就成为知识进步、学术发展的重要动力。例如，具有自由精神的学术人

① 这里的学术人格仅指良好的积极的学术人格。

格，有助于突破学术上的种种盲区或禁区，从而扩大学术研究领域，学术研究领域的扩大，必然意味着更多领域的知识出现；“为学术而学术”的学术人格，有助于学术研究上的专一和持之以恒，而学术研究上的专一和持之以恒，是求知求真，获得知识和真理的不二法门。学术忠诚、学术中立、学术热情、学术勇气、学术毅力等学术人格，对学术研究都起到类似的作用。古往今来，凡是在学术上有巨大建树者，无不具有伟大的学术人格。因此学术人格是知识进步、学术发展的重要动力。

（二）学术人格与学术道德

从道德的视角看，学术人格包括道德性学术人格和非道德性学术人格。“学术忠诚”和“学术责任”，就是道德性学术人格，因为它们体现的是一种必须履行的义务。相反，“学术热情”和“学术毅力”，就是非道德性学术人格，因为它们不是一种必须履行的义务，一个人缺乏“学术热情”和“学术毅力”，并不违反道德。

道德性学术人格是学术道德的天然守护者，因为二者存在内在的一致性。二者的区别仅仅在于，道德性学术人格是从主观方面讲的，体现的是一种精神性品质；学术道德是从客观方面讲的，体现的是一种价值性规范。有了与规范相一致的品质，规范就更容易被遵守。同样，有了与学术道德相一致的道德性学术人格，学术道德就更容易被遵守。当一个人具有“学术忠诚”和“学术责任”等学术人格的时候，他就不大容易出现学术浮躁、学术不端、学术腐败、学术异化等行为，因为这些违背学术道德的行为与他的学术人格是格格不入的。因此，学术人格是学术道德的天然守护者。

即便是非道德性学术人格，一般情况下也倾向于守护学术道德。这里面有一种内在的逻辑，无论是道德性学术人格，还是非道德性学术人格，都是应学术宗旨的要求产生的，因此，无论是道德性学术人格，还是非道德性学术人格，都有利于学术宗旨的实现。相反，学术道德的败坏则绝对不利于学术宗旨的实现。因此，非道德性学术宗旨与学术道德败坏之间也存在一种潜在的矛盾关系。这就意味着非道德性学术人格有利于克服学术道德的败坏，很难想象一个充满学术热情、学术勇气和具有顽强学术毅力的人，在学术道德上无比败坏。可见，非道德性学术人格尽管不是学术道德的天然（必然）守护者，但通常也会成为学术道德的重要同盟。

综上所述，学术人格是学术道德的天然守护者和重要同盟。

（三）学术人格与学术环境

知识进步亦即学术发展存在一个学术环境是否健康的问题，存在一个学术环境是否公平正义的问题。任何一个具有正义感的大学教师，都希望在一个公平正义的环境中从事学术研究，而非在一个不公平不正义的环境中从事学术研究。对大学教师而言，固然根本宗旨是求知求真，但是求知求真并不是大学教师唯一的价值目标，公平正义自身也是大学教师从事学术研究时，从属和附带的一种价值目标。道理很简单，很少有大学教师面对不公平不正义的环境，会感到心情舒畅，会积极性大增。所以当学术环境非常恶劣时，必然会造成种种不公，身处其境的大学教师常常面临种种困难和阻力，这种境遇必然会影响到他们的心态，特别是会影响他们从事学术研究的积极性，当然学术也就谈不上健康发展。可见，学术的健康发展需要营造健康的学术环境，健康的学术环境有利于学术的健康发展。而营造健康的学术环境，则需要积极学术人格的引领。因此，学术人格不但是知识进步的重要动力，而且是营造健康的学术环境，促进学术健康发展的重要保证。

（四）学术人格与大学发展

大学是传授知识、培养人才的场所，也是发现知识、从事学术研究活动的场所，大学承担着两方面的基本职能：一是培养人才，二是发现知识(包括技术发明)。因此,大学排名的指标体系都将人才培养和知识发现作为重要的检验和衡量标准。以上海交通大学世界大学学术排名的指标体系为例,该指标体系分为四项一级指标:教育质量、教师质量、科研成果、师均表现;六项二级指标:Alumni 即获得诺贝尔奖和菲尔兹奖的校友数量(权重 10%);Award 即获得诺贝尔奖和菲尔兹奖的教师数量(权重 20%);HiCi 即各学科领域的高被引科学家数量(权重 20%);N&S 即过去五年在《自然》或《科学》上发表论文的折合数量(权重 20%);PUB 即过去一年被 SCIE 以及 SSCI 收录的论文数量(权重 20%);PCP 即师均学术表现(权重 10%)。[①] 上述指标直接或间接地反映了大学在人才培养、知识发现方面的贡献。而无论是人才培养,还是知识发现,都与大学教师的学术人格存在直接的关系。

知识的进步离不开场所、设备、技术、资料、经费、人力等等外在的客观条件,同时也离不开内在的主观条件。其中,主观条件之一就是学术人格。正如前文所述,学术人格是知识进步的重要动力。历史事实和生活观察表明,学术水平与学术人格呈正相关的关系,学术人格中的道德性学术人格就是从事学术研究的大学教师的道德素养方面的重要体现。首先,从人才培养的角度看,人才培养包括知识(技能)传授和道德教化。无论是知识传授,还是道德教化,其中一个重要的途径就是通过教师的言传身教进行的。因此,人才培养首先要求大学教师具备相应的知识储备和道德素养。或者说,学术人格的健康与否直接影响着知识层次和道德水准,直接影响着人才培养,具体表现为:大学教师的学术人格越健康,就越有利于人才的培养;大学教师的学术人格越糟糕,就越不利于人才的培养。可见,从人才

① 程莹等:《世界大学学术排名解析(2013—2014)》,上海交通大学出版社 2014 年版,第 8—9 页。

培养的角度而言，大学的发展必须以大学教师拥有健康积极的学术人格为前提。其次，从知识发现的角度看，基本的逻辑思路是：如果所谓的学术研究是依赖学术抄袭、造假和腐败完成的，那这样的学术根本就不是学术；如果学术研究水平高、学术研究能力强，必然就不需要依赖学术抄袭、造假和腐败等行为，进而排斥、抵制学术不端、学术腐败的行为，维护公平、正义的学术环境。因此，从知识（包括技术）发现的角度而言，大学的发展也必须以大学教师拥有健康积极的学术人格为前提。

（五）学术人格与人类文明

学术人格对人类文明的影响和意义是深远的，但这一方面却很少为人们所提及。人类文明可以区分为三种形态：物质的、知识的（包含技术）、理念的。物质文明和知识文明，众所周知。所谓理念文明，就是指人们具有的逐渐脱离幼稚和野蛮的思维方式和价值观念。学术人格对这三大形态文明的贡献，不可低估。

学术人格与知识（技术）进步之间的关系，前文已经做过反复说明，因此，学术人格与知识文明之间的关系，不再赘述。

理念文明的进步，即思维方式和价值观念的进步，往往是学术研究者推动的。因为一个社会的思维方式和价值观念，需要那些对思维方式和价值观念的变更最具敏锐意识的人去发现和提炼，而学术研究者往往就是最新思维方式和价值观念的发现者和提炼者，从而也就成为思维方式和价值观念的最强有力的推动者。孔子、苏格拉底、牛顿、康德、爱因斯坦等等，无疑是理念文明进步的最强有力的推动者，而他们恰恰都从事学术研究。没有伟大的学术人格，就不可能深入地阐发人类理念，没有对人类理念的深入阐发，人类理念对人类文明的影响就不可能如此深远。

学术人格对理念文明的意义，不单单体现学术人格是推动理念文明进步的精神动力，而且体现在学术人格本身就是人类的理念文明——精神财富之一。那些伟大的思想家和科学家之所以流芳千古，并不仅仅是因为他们在理念和知识上的伟大贡献，而且在于他们身上所体现出的伟大的学术人格。他们身上所体现出的伟大的学术人格，常常成为后人效法的榜样，激励着一代又一代的新人。

如果说物质文明建立在理念文明和知识文明的基础上，而理念文明和知识文明与学术人格存在着内在的一致的关系，那么学术人格对人类物质文明就存在着不可估量的间接关系。

综上所述，学术人格是人类文明的重要精神动力和支撑。

第四章 当代中国大学教师学术人格状况

在对当代中国大学教师学术人格状况进行全面的分析和阐述之前，首先界定一下“当代”的范围。本书所指的“当代”是狭义上的当代，仅指改革开放至今的这段时间。在这段时间范围内，考察中国大学教师学术人格的状况，可以发现两条泾渭分明、反向而行的流向，一个是进取的向上的流向，一个是式微的向下的流向。所谓进取的向上的流向，是指当代中国大学教师在学术人格方面取得了一些积极的进步；所谓式微的向下的流向，是指当代中国大学教师在学术人格方面出现了一些滑坡和衰退的情况。当然，就总体而言，大学教师整体的学术人格是积极的；但相对大学教师整体而言，部分大学教师在学术人格方面存在着一定的问题，本章主要围绕这两个方面展开，但重点是分析后一种情况，因为本书的主旨在于指出和解决当代大学教师学术人格存在的问题。

一、当代中国大学教师积极的学术人格

（一）当代中国大学教师积极学术人格的表现[①]

1. 回归学术本位

改革开放以来，中国学术界开始了回归学术本位的旅程。所谓

① 积极学术人格的表现是多方面的，但本书主要阐述的具有改革开放时代特征的学术人格。

回归学术本位，就是指尽可能地摆脱学术之外的其他因素对学术研究的影响，学术研究者以学术研究本来应有的精神、目的和方式进行学术研究。大学教师从事学术研究，回归学术本位的具体表现为：(1)学术研究的根据是以事实和逻辑为根据，而不是以预设的立场和观点为根据。以事实和逻辑为根据，尊重事实，遵守逻辑就是忠诚于求知与真理，最终体现的是学术忠诚。(2)学术研究的目的在于探求知识，追求真理。如果抛开各种利益方面的动机，单在学术自身范围内看，学术研究的目的首先在于探求知识和追求真理，也就是说大学教师在学术研究的过程中存在利益方面的目的，并不是依据杜撰或虚假的即自己明知不成立的所谓研究来实现的，而是首先以探求知识和追求真理这一目的为前提。(3)学术成果的评价主要是以学术贡献为尺度，而非以社会地位等为尺度。所谓以学术贡献为尺度，就是看学术研究对所属研究领域的拓展程度如何，社会作用大小如何，社会影响深远如何。

当然，中国学术界包括大学教师的学术研究在改革开放后走上回归学术本位的旅程，也不是一蹴而就的，而是存在一个逐渐的过程。关于这一点，只要我们浏览一下人文社科领域的文章和著作，就可以看到非常明晰的变化，那就是学术研究自改革开放以来，变得越来越学术化，或者说学术研究变得越来越纯粹，即越来越较少地包含除学术之外的其他复杂因素。当然，回归学术本位，永远是相对的，不可能是绝对的，这是因为学术与其他的社会因素往往存在着千丝万缕的联系。但学术归学术，应当是大学教师从事学术研究在学术人格上的一个标杆，在这方面，大学教师的整体呈现出一种积极向上的态势。

2. 追求学术创新

改革开放以来，大学教师从事学术活动回归到学术研究最原始的动力，那就是创新。这是由学术研究的本质决定的，学术研究是指通过反复思考或试验,以获得增量知识(包括理论知识、方法和技术等)为目标的,且能够提供学理性解释的人类活动。而获得增量知识,就意味着创新。虽然学术创新并不是一件容易的事情,但对真正有志于从事学术研究的大学教师而言,创新就是学术研究在自身范围的最高目标。

大学教师在学术研究过程中的创新,主要表现在以下几个方面:(1)创新是改革开放以来提出的具有主旋律性的口号,成为全民的共识和观念。当创新成为全民的共识和观念时,就意味着在创新的道路上,对创新本身存有这样或那样的担心和顾虑随之消失,这就为创新扫清了思想观念上的障碍。而学术界把创新作为评价学术成果的重要指标,无疑增加了学术评价的客观性。(2)就大学教师而言,真正有志于从事学术研究的大学教师,都倾尽全力使自己在所从事的学术领域中取得创新性成果,使学术研究成为自己的"志业"。而一旦学术研究成为自己的"志业",在学术研究过程中必然会体现出学术勇气和毅力、学术热情和执着,必然体现出学术责任、"为学术而学术"等学术人格。所以,尽管创新不是一件容易的事情,但真正以学术研究为"志业"的大学教师都是把创新作为自己从事学术研究的目标。(3)就学术研究的客观结果而言,无论是人文社会科学领域,还是自然科学领域,中国的学术研究都取得了巨大的成果。巨大的成果,就是源于创新。

3. 确立学术规范,形成学术人格自觉

改革开放以前,中国的学术规范属于约定俗成,缺乏成文性学术规范,这就为少部分人浑水摸鱼、滥竽充数提供了方便。为了使学术不端行为有一个客观的定性标准,同时使学术争端有一个明确的解决依据,中国学术界于上世纪 90 年代展开了关于学术规范的讨论。在学术界的努力下,围绕学术规范的讨论最终取得了重要的成果:2002 年 2 月 27 日,教育部印发了《关于加强学术道德建设的若干意见》。“意见”指出加强学术道德建设的重要性和紧迫性,并针对学术工作中的不良现象和行为,提出加强学术道德建设的基本要求和措施。2004 年 8 月 16 日,教育部发布了《高等学校哲学社会科学研究学术规范(试行)》。“规范”对高校哲学社会科学研究的基本规范、学术引文规范、学术成果规范、学术评价规范和学术批评规范作了明确的规定。虽然这一学术规范限于高等学校和哲学社会科学,但是对于高等学校之外和自然科学领域的学术研究也有指导、参考和借鉴意义。2006 年,教育部发布《关于树立社会主义荣辱观,进一步加强学术道德建设的意见》;2009 年,教育部发布《关于严肃处理高等学校学术不端行为的通知》;2009 年,教育部社会科学委员会学风建设委员会出版了《高校人文社会科学学术规范指南》;2010 年,教育部科学技术委员会学风建设委员会组编《高等学校科学技术学术规范指南》。这一系列文件、规范,从各个层面、各个领域规定了学术道德规范、学术不端行为以及学术不端行为的监督等。自此之后,媒体、公众、学术界等对违反学术规范的行径也不时地予以揭发,这些举措为净化学术环境奠定了坚实的基础。

学术界围绕学术规范的讨论在具体内容方面纷繁、纷呈,在学术规范制度的健全方面也取得了很多成果。同时,需要指出的是这些讨论和成果,表明了包括大学教师在内的中国学术人为学术规范的建设做出的努力,表明了包括大学教师在内的中国学术人整体在学术人格上的自觉承担。恰恰是这种自觉承担意识,使大学教师在从事学术研究过程中遵守学术规范,表现为积极进取的学术人格。

(二)当代中国大学教师积极学术人格的形成原因

1. 积极的学术政策

当代中国大学教师在学术人格上的积极进取,首先源自改革开放后积极的学术政策,所谓“宣传有纪律,学术无禁区”,充分表明了国家对学术研究干预、规制的减少。在学术创新方面,不断破除制约学术创新的观念和障碍，逐步建立起科学、规范的学术制度，保障学术自由和学术自治，坚持宽松包容的学术原则，营造宽松的学术环境和学术氛围，培育可持续发展性的竞争共生的学术生态。因此，就目前来说，基本上形成了良性循环的有活力的学术生态圈：积极的学术政策保障形成了宽松的学术环境和学术氛围，形成了可持续发展性的竞争共生的学术生态，在这种生态圈内，大学教师从事学术研究是以事实和逻辑为前提，坚持学术自主，形成学术自律，绝大多数从事学术研究的大学教师在学术人格方面得到了健康的成长，从而表现出积极进取的学术人格。

2. 对外开放

当代中国大学教师在学术人格上的积极进取，与对外开放也有着极大的关系。中国传统学术人格，在主观精神上强调刻苦、勤奋、踏实、坚韧等，即人们常说的“板凳要坐十年冷，文章不著一字空”；在客观目标上，强调“经世致用”“安邦治国”，诸如文以载道、伦理教化、尽忠朝廷国家等等。中国传统学术人格的这一特点决定了它具有强烈的泛道德、泛政治、泛功利色彩，缺乏西方学术传统中的“学术自由”“学术忠诚”“学术中立”“学术责任”“为学术而学术”等学术原则和学术精神。简言之，中国传统学术人格缺乏以学术本身为最原始的目的的精神，而是在学术研究之前首先进行道德和立场预设，然后以预设道德和立场裁剪学术研究，从而使得学术研究缺乏学术性。

上世纪 80 年代中国对外开放以来，大学教师在学术研究过程中开始大规模地接触西方学术，甚至可以说对外开放以来的中国学术，除了中国历史、中国文学等少数学科外，大部分学科都是建立在西方学术成果的基础之上的。在接触、消化和吸收西方学术成果的同时，大学教师的学术人格也在这个过程中逐渐得到熏陶和塑造，诸如“学术自由”“学术忠诚”“学术中立”“学术责任”“为学术而学术”等学术原则和学术精神，得到从事学术研究的大学教师的广泛认可。因此，对外开放也是当代中国大学教师在学术人格上表现为积极进取的另一个重要原因。

3. 自我追求

积极的学术政策和对外开放是当代中国大学教师在学术人格上表现为积极进取的外在原因，大学教师在学术研究上的自我追求则是其内在原因。通常在没有外在压力下，作为真正从事学术研究的大学教师，不管动机和目的如何，首先必须以探求知识、追求真理为前提，否则就是在做违背学术良知和学术人格的事情，而违背学术良知和学术人格的事情历来都会成为公众舆论所谴责的对象。因此，绝大多数大学教师在从事学术研究的过程中，通常都会选择一种积极、健康的学术人格。

改革开放以来，个体自我价值的实现深入人心。在这种时代氛围中，作为从事学术研究的大学教师，实现自我价值，就是取得学术研究上的成功；学术研究上的成功就是取得学术突破和创新；取得学术研究上的突破和创新，就必须遵守学术研究的基本规律；学术研究的基本规律则决定着与其相适应的学术人格，诸如“学术自由”“学术忠诚”“学术中立”“学术责任”“为学术而学术”；只有在这样的学术原则、精神和人格之下，才谈得上学术研究，才有可能取得学术突破和创新。因此，大学教师要把学术研究作为自己的志业，想实现学术研究上的抱负，就必须具备上述各方面的积极的学术人格。可见，学术上的自我追求是当代中国大学教师在学术人格上表现为积极进取的内在动力。

（三）学术人格与学术业绩

积极的学术政策、对外开放、自我追求以及由此形成的积极进取的学术人格，给中国学术研究带来了巨大的进步，当前中国在论文发表、专利申请上，堪称学术大国；在科学研究，特别是科学类诺贝尔奖上也有突破：

1. 高被引论文数排名世界第四位："据了解，2005 年至 2015 年（截至 2015 年 9 月）我国发表国际论文 158.11 万篇，数量比 2014 年统计时增加 15.4%，居世界第 2 位，其中标注自然科学基金资助的论文比重达 62.1%；论文共被引用 1287.6 万次，增加 24.2%，居世界第 4 位；中国有 19 个学科论文被引用次数进入世界前 10 位，比上一年度增加 3 个学科；2014 年发表在各学科最具影响力国际期刊上的论文数量为 5505 篇，排名世界第 2 位，其中标注国家自然科学基金资助的有 3060 篇，占 55.6%。"①

2. 专利申请："据日媒报道，联合国旗下的世界知识产权组织（WIPO）近日公布了 2015 年国际专利申请数量统计。美国申请了 57385 项专利，较上年减少 6.7%，居各国之首。另一方面，日本的专利申请量增加 4.4% 至 44235 项，位居第二。排在第三的中国为 29846 项，增加了 16.8%……从各教育机构的申请量来看，美国加利福尼亚大学以 361 项位居榜首。"②

3. 五大国家科学技术奖：我国设立包括国家最高科学技术奖、国家自然科学奖、国家技术发明奖、国家科学技术进步奖、中华人民共和国国际科学技术合作奖在内的五大国家科学技术奖。其中，2000 年设立的国家最高科学技术奖代表着科学技术的最高突破和最新进展，评选过程宁缺毋滥，到目前为止，共有 27 位科学家获得了国家最高科技奖。

4. 中国在科学类诺贝尔奖获得上的突破：2015 年屠呦呦获得诺贝尔生理学或医学奖，成为首位科学类诺贝尔奖获得者。

---

① 刘诗瑶：《我国高被引论文数排名世界第四位》，《人民日报》2016 年 02 月 23 日 12 版。

② 《国际专利申请数量统计出炉　中美日稳居世界前三》，网址：http://news.sciencenet.cn/htmlnews/2016/3/340853.shtm，2016 年 3 月 17 日。

毫无疑问，时代原因、自我追求和学术人格等方面的因素推动中国变成了学术大国，但这并不意味着中国就是一个学术强国。目前，中国学术的进步在数量方面的优势远远超过质量方面，学术成就的这种状况与中国这样一个拥有近 14 亿人口的大国是不相称的。造成中国学术这种美中不足状况的原因是多方面的，其中，与学术研究者在学术人格方面存在的问题有着密切的关系，笔者将着力论述和解决这个问题。

二、当代中国大学教师消极的学术人格[①]

（一）当代中国学术研究存在的不足和问题

目前，中国学术研究取得的成就表明，中国学术研究的总体状况是好的，但也存在着不足和问题：

问题 1：学术文章低水平重复问题：主要有“选题重复、论证材料重复，或选题和论证材料都重复”[②]。

问题 2：经媒体曝光的涉及学术道德、学术人格问题的典型案例：

（1）2004 年天津外国语学院沈履伟剽窃、侵犯著作权；

（2）2005 年上海交通大学陈进“汉芯”造假；

（3）2006 年清华大学刘辉伪造履历、捏造学术成果；

（4）2008 年浙江大学贺海波剽窃、抄袭实验数据、一稿两投、篡改图表数据、重复发表、擅署他人名字、擅自标注基金资助等；

（5）2011 年西安交通大学李连生国家科技进步奖申报材料作

---

① 需要指出的是，相对大学教师整体表现为积极进取而言，在大学教师群体内部，部分大学教师在学术人格方面存在着一定的问题，表现为消极的学术人格。二级标题也是如此，故不赘述。

② 吴月芽：《高校学报学术文章低水平重复发表的客观原因及对策》，《中央民族大学学报（哲学社会科学版）》2007 年第 4 期。

假,侵占他人学术成果、虚构学术履历;

(6) 2012 年湖北科技学院郝汉舟捏造项目申报材料、侵占他人学术成果、虚构学术履历;

(7) 2013 年浙江大学陈英旭科研经费使用问题;①

(8) 2016 年 12 月 12 日,国家自然科学基金委员会在京召开 2016 年"捍卫科学道德,反对科研不端"通报会,通报 2015—2016 年查处的科研不端行为典型案例。……重点通报了 2015 年国际论文撤销事件。自 2015 年 3 月份开始,英国现代生物(BMC)、斯普林格(Springer)、爱思唯尔(Elsevier)、自然(Nature)等国际出版集团 4 批集中撤稿,涉及到中国作者论文 117 篇。其中有 23 篇被撤论文标注了科学基金资助,有 5 篇被撤论文被列入已获得资助的项目申请书中。基金委对这 28 篇被撤论文展开集中调查。调查发现,这些被撤论文都是委托第三方中介机构进行"润色"并投稿;更有甚者,部分论文完全是通过论文买卖,请人捉刀代为撰写和投稿。根据调查结果,2015 年 6 月基金委及时对 13 项处于评审状态的申请项目终止评审程序,2016 年 3 月和 8 月经监督委员会审议,对 52 位相关责任人和 1 个依托单位作出严肃处理。

除此之外,基金委还通报了自 2015 年—2016 年 11 月底接收日常举报案件、专项案件及主动核查案件共计 382 件。监委会办公室人员逐项认真初核,认真分析举报内容和线索,对其中 208 件案件启动调查程序。基于调查结果,基金委监督委员会审议案件 113 件,处理相关责任人 172 人,处理相关依托单位 9 个。②

……

---

① 案例均来自蒋来、詹爱岚:《高校科研活动中的不端行为及对策研究》,《中国科学基金》2015 年第 01 期。

② 《【科学网】基金委召开"捍卫科学道德 反对科研不端"通报会》,网址:http://www.nsfc.gov.cn/publish/portal0/tab88/info53446.htm,2016 年 12 月 14 日。

问题3：学术期刊撤稿声明的上升："从数据库检索出的83篇撤稿声明除最早的一篇刊于1995年，其余82篇集中在2007年至2013年，对应92篇撤销论文的91篇集中在2007年至2013年被撤销"[①]，"CNKI数据库检索出的撤销论文自2007年至2012年逐年上升，并在2012年达至顶峰，2012年撤稿声明数28篇，对应撤销论文31篇"。[②] 张晴等在文中分析期刊撤稿原因有三种情况：(1)属于科学不端行为；(2)存在损害他人著作权行为；(3)研究计划和实施过程中存在非有意的错误或不足等情况。

问题4：科研效率偏低："高校科研工作中重立项轻产出的现象依然严重……国内科研项目验收标准偏低，学术风气浮躁，因此较难产出真正有创新价值的科研成果。"[③]"我国科研经费的使用存在产出不足情况，尤其是科技成果与技术转让最为显著。比如哈尔滨工业大学要想达到DEA有效，应在保持投入不变的情况下，把课题总数、专著数及技术转让数分别增加1896.39项、16.07本、44.86项。课题总数产出不足的学校有清华大学、天津大学、吉林大学、哈尔滨工业大学、南京大学、东南大学、重庆大学及四川大学；专著数产出不足的学校有哈尔滨工业大学、同济大学、重庆大学及西北工业大学；其他高校也在学术文论、技术转让、成果授权等产出上存在相当数量上的不足。"[④]

上述材料从不同角度表明，当代中国学术研究仍然存在着一些

---

① 张晴、姚长青、潘云涛、田瑞强：《中文学术期刊撤销论文研究》，《中国科技期刊研究》2014年第05期。

② 张晴、姚长青、潘云涛、田瑞强：《中文学术期刊撤销论文研究》，《中国科技期刊研究》2014年第05期。

③ 胡庆江、何玮佳、柳锐：《基于DEA的"985工程"院校科研效率评价》，《科技进步与对策》2011年第19期。

④ 陈洪转、羊震、刘思峰、许静：《基于滞后DEA的我国高校科研经费使用效率评价》，《管理评论》2011年第08期。

不足和问题，这些不足和问题与从事学术研究者的学术人格存在着密切关系，积极的学术人格会促进学术的健康发展，消极的学术人格会阻碍学术的健康发展。当前中国学术研究存在的不足和问题也从某种程度上表明学术研究者的学术人格并非都是积极的。笔者将透过中国学术研究存在的不足和问题，从理论上概括和阐述当前中国大学教师消极学术人格的表现、后果及原因。特别需要强调指出的是：第一，问题的挖掘旨在促进学术的健康发展，并为大学教师学术人格的提升提供依据；第二，大学教师学术人格方面存在的问题是消极的，但相对大学教师整体而言，这仅是部分大学教师存在的问题。换句话说，当代中国大学教师整体表现的积极进取的学术人格是不可否定的。

（二）当代中国大学教师消极学术人格的表现

1. 学术浮躁与浮躁的学术人格

所谓学术浮躁，就是指学术主体在学术活动中，由于对学术自身之外的诉求胜于学术自身，从而在主观意识上容易受到学术之外的东西的诱惑，进而对学术自身缺乏耐心和定力，最终导致学术上的粗制滥造即低水平重复，是谓学术泡沫。当学术主体长期处于这种心理状态之下，就会逐渐形成一种浮躁的学术人格。浮躁的学术人格主要表现在：

心态上，很容易受到学术之外的东西的诱惑，沉不下心、沉不住气、不踏实、不老实、缺乏耐心、缺乏定力、朝三暮四、反复无常、追求速成、好走捷径，希望一朝成名、一举成功，对“几十年如一日”“板凳要坐十年冷，文章不著一字空”倍感恐惧和反感，从未有花十几年甚至几十年来完成一部著作或一项科技攻关的心理和打算。

心思不在学术之上，而是为了实现钱、权、名等各种功利性目的，为了实现这些目的却处处打着学术的旗号，于是出现这样的盛况：忙于追踪（所谓的前沿和热点）、忙于发表、忙于出版、忙于申请（各种课题)、忙于立项、忙于开会、忙于评奖、忙于兼职、忙于报告、忙于镀金、忙于学历、忙于职称、忙于职务、忙于结交(结交领导、结交编辑、结交评审、结交“大腕”)……这一切不是不可为,但必须以学术为本,为学术服务,但现在是本末倒置,这一切都是为学术之外的东西服务。

心态浮躁和心思浮躁的最终结果是学术浮躁:只顾数量,不顾质量,粗制滥造,低水平重复,最终导致学术泡沫、学术研究的平庸化。为了追求数量,不择手段,花样翻新:重复发表,重复出版,重复立项,以编充著,挂名,抄袭,造假,找人代工……这种现象和前文所述学术研究的现状是吻合的,堪称学术大国的中国在学术强国的道路上还有差距,学术研究成果的价值和影响有待提高。

2. 学术不端与对学术忠诚人格的背叛

学术不端,就是指以违反科学精神和学术道德的方式从事所谓的学术研究。学术道德是通常道德准则在学术研究领域中的具体应用,事实上,在学术研究领域中没有脱离通常道德准则的学术道德。当以违背学术道德的方式从事所谓的学术研究成为一种稳定的习惯乃至习性时,违背学术道德就成为一种消极的不健康的学术人格。学术不端集中表现在两方面,即学术剽窃和学术造假。在学术剽窃和学术造假等学术不端行为中体现的是违背学术忠诚的学术人格,而正如前文提到的学术忠诚是学术是其所是的最直接的人格力量,没有对学术的忠诚,就没有真正的学术,学术忠诚是捍卫学术道德的最内在、最直接的人格力量。所以,学术不端的本质就是对学术忠诚人格的背叛。

(1) 学术剽窃

所谓学术剽窃,就是抱着不希望被他人发觉的心态,采用自以为比较秘密的手段,将别人学术成果中的一部分或大部分植入自己的学术成果之中,充当自己的学术成果,对别人的学术成果,不标注来源或者虽标注来源却非常笼统。

学术剽窃的手段,可谓花样翻新,五花八门,常见的有以下几种方式:

第一种方式:不动式剽窃。所谓不动式剽窃,就是未加修改或者虽然加以修改,但修改甚少的抄袭,这是一种最原始、最简单、最低级、最狂妄的抄袭。王彬彬称之为"老老实实式"剽窃,"一字不差地将别人的话抄下来,不搅拌、不组装、不让读者'参见'。这其实是最老实的一种剽袭方式。……不妨称为'老老实实式'。"[①]例如:2016年初,被媒体曝光的山东某大学的一位硕士生的毕业论文几乎整本不动地抄袭了安徽某大学的另一位硕士生的毕业论文事件,就属于不动式剽窃。

第二种方式:掩耳盗铃式剽窃。"将别人的话原原本本地抄下来,或者抄录时稍做文字上的调整,没有冒号、没有引号,但做一个注释,让读者'参见'某某书,是为'掩耳盗铃式'。"[②]掩耳盗铃式剽窃,从剽窃者的心理状态说,既想掠人之美,又怕被别人发现,所以只好犹抱琵琶半遮面,只说参见,好像是告诉别人这是我引用别人的东西,又好像告诉别人这是我自己的东西。掩耳盗铃式剽窃本质上属于不动式剽窃,只是没有不动式剽窃那么"老实"。

第三种方式:重述式剽窃。所谓重述式剽窃,就是对被抄袭的东西加以重新表述,好像是出自自己之口,实质上是换文不换意。就像变脸术,脸还是那张脸,但看上去是不同的脸。

第四种方式:改造式剽窃。所谓改造式剽窃,就是选取一个或者几个样本,然后对样本加以增、删、改,变成所谓自己的东西。

---

① 王彬彬:《汪晖〈反抗绝望——鲁迅及其文学世界〉的学风问题》,《文艺研究》2010年第3期。

② 王彬彬:《汪晖〈反抗绝望——鲁迅及其文学世界〉的学风问题》,《文艺研究》2010年第3期。

第五种方式：组合式剽窃。所谓组合式剽窃，就是有多个抄袭源，东抄一处，西抄一处，然后拼凑成一个似乎新的东西。组合式抄袭的本质并不是为了通过搭积木一样搭出一个新的创意，而是通过增加抄袭源，增加被发现的难度。王彬彬称之为“组装式”剽窃，“将别人书中不同场合说的话，组合在一起；一段话中，这几句剽自这一页，另几句袭自离得很远的一页，然后作为自己的话示人，是为‘组装式’。”①

第六种方式：糅合式剽窃。所谓糅合式剽窃，就是将自己的东西和别人的东西糅合在一起，融会贯通，俨然一体。这就是有人所说的“搅拌式”。“‘搅拌式’是近年学界对一种剽袭方式的命名，不是我的创造。将他人的话与自己的话搅拌在一起，‘你中有我，我中有你’；或者将他人论述的次序做些调整，便作为自己的话登场，是为‘搅拌式’。”②

如果将学术剽窃的方式区分为低级学术剽窃和高级学术剽窃，那么，高级剽窃比低级剽窃的性质更为恶劣，后果更为严重，危害更为深远。不动式剽窃和掩耳盗铃式剽窃，属于低级学术剽窃，而后面的几种剽窃方式堪称高级学术剽窃。低级学术剽窃，看上去赤裸裸，既大胆，又疯狂，但是它的危害小，因为容易被发现，其危害也就容易被避免。特别是，低级剽窃由于容易被发现，也就容易被揭发和被惩罚，而一旦被发现和揭发，剽窃者没有辩解的余地。反之，高级学术剽窃，一方面，不容易被发现，因为通过重述、改造、组合、糅合，所剽窃的东西换上了一个新的面目，非常难以发现。正是因为高级剽窃不容易被发现，所以发现和揭发高级剽窃的成本很大，费时间、费精

---

① 王彬彬：《汪晖〈反抗绝望——鲁迅及其文学世界〉的学风问题》，《文艺研究》2010 年第 3 期。

② 王彬彬：《汪晖〈反抗绝望——鲁迅及其文学世界〉的学风问题》，《文艺研究》2010 年第 3 期。

力。另一方面,由于高级剽窃即便被发现和揭露,也可以进行种种的辩解,因为被剽窃的东西中,毕竟增加了自己的劳动,特别是面目很不一样了。因此,高级剽窃一方面不容易被发现,另一方面即便发现了,大多得不到应有的惩罚。一旦得不到应有的惩罚,一个可怕的后果就出现了,那就是剽窃者将把被剽窃来的东西永远据为己有,甚至变成自己的专利和版权。最严重的后果是,因为高级剽窃,既不容易被发现,发现后又不容易被惩罚,所以高级剽窃就成了一种安全无虞的剽窃。既然高级剽窃是一种安全无虞的剽窃,那么只要自己的手法高明,就可以肆无忌惮地剽窃。"天下文章一大抄,看你会抄不会抄",就是一个极具现实的冷幽默。

需要指出的是,学术(包括技术)剽窃已经远不是国内同行之间的剽窃,而是将肮脏之手伸向了国际,甚至借助高科技手段肆无忌惮地进行集团化和专业化的剽窃和山寨,称之为跨国剽窃。出现这种现象的原因在于:因为语言的关系,剽窃国外学术成果,不容易被发现;因为利益的关系,剽窃国外学术成果,即便被人发现,也不容易受到惩罚;因为水平的关系,剽窃国外先进学术成果,很容易走在国内相关问题研究的前列,很容易成为某一学科或技术研究的领先者。剽窃国外学术成果,需要专门的外语和技术,所以这种剽窃行为并不一定是普通的科研人士,相反可能是这一领域中的专业人士。

(2) 学术造假

就学术主体而言,学术剽窃,当然也是一种学术造假,因为那不是自己的东西,对他本人而言,当然是假的。但就被剽窃的学术成果而言,不能说一定都是假的,只要被抄袭的学术成果不是来自造假。因此笔者认为的学术造假,是在狭义上使用的,不包括剽窃的情况。从这种意义上说,学术造假是指学术主体在学术研究的过程中,故意用并非研究过程中出现的东西替代或冒充研究过程中真实出现的东西。简言之,学术造假,就是以此代彼,以假充真。

2014 年 1 月 30 日，日本理化学研究所研究员小保方晴子以第 1 作者身份在 Nature 发表 2 篇被视为有望角逐诺贝尔奖的研究论文，声称成功培育出了能分化为多种细胞的新型“万能细胞”——STAP 细胞。笹井芳树为论文的共同作者之一。随着非凡成果引起轰动，美国学者质疑论文中有 2 张照片疑似造假，实验方法也无法被成功重现。随后铺天盖地而来的质疑使 2 人身陷舆论漩涡。日本理化学研究所随即展开调查并发布报告，认定小保方晴子在 STAP 细胞论文中使用虚假图片、篡改数据。小保方晴子最终同意撤回论文。作为导师的笹井芳树却以惨烈方式结束生命。①

这一事件给学术界带来的震撼是巨大的，学术责任、学术尊严、学术人格等成为热议话题。进一步分析学术造假的动机，主要包括：利欲熏心，追求的是学术之外的功名利禄；惰性，不愿意将事实贯彻到科研的各个环节，追求学术捷径；掩盖研究过程中的失败，不愿意重新研究，追求学术速成等。

学术造假的情况主要有：第一种情况，标的造假。所谓标的造假，就是研究对象造假，用研究之外的对象替代或冒充研究中真正需要加以研究的对象。第二种情况，场景或时空造假。所谓场景或时空造假，就是将一个场景或时空中的研究对象置入另一个场景或时空之中，以冒充另一场景或时空之下该对象的研究。第三种情况，程序造假。所谓程序造假，就是标榜自己的研究经过了哪些环节或过程，但实际上这些环节或过程存在缺漏的部分。第四种情况，技术造假。所谓技术造假，就是标榜自己的研究过程中使用了哪些技术手段，但实际上并未使用该技术手段。第五种情况，数据造假。所谓数

① 石萌萌：《笹井芳树事件引科学界深思》，《科技导报》2014 年第 24 期。

据造假，就是用研究中并没有出现的数据冒充研究中真实出现的数据。数据造假，是最常见最普遍的学术造假。第六种情况，结论造假。所谓结论造假，就是用研究中并没有得出的结论冒充研究中真实得出的结论。

3. 学术腐败与学术人格腐败

笔者提及的学术腐败特指狭义的学术腐败，即所谓学术腐败一是指公共学术资源或学术平台①在权力、金钱、关系等腐蚀或撬动下，被不当分配或占据，二是指学术资源的控制和分配者，利用手中的权力，从学术资源的被分配者那里获得好处。

学术腐败行为表现为以下几个特征：(1)学术腐败的本质是违反公平正义。(2)学术腐败的对象主要是公共学术资源或学术平台，但也可能涉及私人利益。(3)学术腐败通常是一种双向行为，即涉及的当事人通常都是腐败的共谋者。只有一种情况例外，那就是被动甚至被迫以付出个人正当利益的方式成就腐败者的不当得利，以免自己遭受更大的不当损失。(4)学术腐败当然属于违反学术道德的行为，但与学术剽窃、学术造假的学术不端行为相比，学术腐败是以某种特殊手段为媒介的不正当的交易性活动。

根据学术腐败具体情况的差异，学术腐败可以区分为：(1)学术主体腐败。所谓学术主体腐败是指从事学术活动的人的腐败。具体说，是指学术主体通过不当或违法的手段获取或占据学术成果、学术资源或学术平台。例如，自己并没有直接从事相关的学术研究，但却依靠手中的权力，成为该项学术成果的所谓主要负责人或第一作者，甚至将他人的学术研究成果单独据为己有；自己并未从事直接研究，却通过花钱购买的方式，发表或出版所谓的学术成果；自己申请的项目并没有达到相应的要求或者在众多的竞争中处于较低水平，但却

---

① 此处的学术平台，主要是指可以发表、出版学术成果和申请学术专利的机构。

通过运用关系等手段，获得相应的立项，而将他人挤出门外；自己的学术成果并不能达到相应的等级，但却通过运用关系等手段在评奖中获得某一等级；自己并无相应的研究能力，却通过运用关系等手段，成为所谓的学术带头人，等等。(2)学术管理腐败。所谓学术管理腐败，是指掌握学术资源，为学术服务的机构或者个人，利用手中的权力，不当获取公共学术资源，不当分配公共学术资源，从参与公共学术资源分配者那里获取好处。(3)学术平台腐败。所谓学术平台腐败，是指掌握学术平台，为学术服务的机构或者个人，利用手中的权力，让不该占据学术平台的所谓学术占据学术平台，让应当占据学术平台的学术无法占据学术平台，或者虽然可以让应当占据学术平台的学术占据学术平台，但却必须以向掌握学术平台的机构或者个人付出某种好处为前提。

事实上，大学教师的学术人格腐败是特定学术环境和自身学术追求综合作用的结果。尽管说当前的学术环境为大学教师从事学术研究提供了各种有利的条件，但是由于学术研究中其他因素的影响，特别是大学教师经受的“Publish-or-Perish”的压力，急功近利式的“经世致用”观念、“官本位”思想的影响以及大学产业化的强烈冲击，这些外在因素迫使少部分大学教师在思维方式、行为习惯等方面发生了变化。在这部分大学教师的观点中，长时间地潜心学术研究似乎成为了一种冒险行为，而一旦形成思维定势，必然出现追名逐利，出现“速成式”的学术研究，他们会想方设法地利用自己手中的权力、金钱、关系等不当分配学术资源或占据学术平台以达到自己的目的。当这种思维习惯、行为方式体现为稳定的内在品质时，就形成了学术人格腐败。学术人格腐败会严重地影响大学的学术水平，败坏学术风气，与大学的学术精神是背道而驰的。

4. 学术异化与学术人格异化

“异化是指出自主体的活动与创造物反过来与主体相对立，成为奴役主体的异己性存在。”[①]在此意义上,“学术异化就是指出自学术研究者的研究与产物不是与研究者本人和谐一致,相反与研究者本人相对立,成为奴役研究者本人的异己性东西”[②]。相应地,学术人格的异化就是指学术研究主体在学术研究的过程中实际奉行的原则与自己认为应当奉行的原则相违背,从而使自己的人格——为人原则处于矛盾和分裂状态,这种矛盾和分裂状态使内在的心灵的自我处于外在的现实的自我的压抑和奴役状态之中。

学术异化的主要表现是:某种学术研究活动或某项学术研究成果,或者是出自学术研究主体自己的,但却不是学术研究主体自己感兴趣的;或者是学术研究主体自己感兴趣的,但却不是出自自己的。总之,学术研究主体与学术研究活动、学术研究成果是相背离的。

学术人格异化的本质是人的异化、自我的异化。在学术人格被异化的学术研究活动中,自我并非真正的自我,而是自己并不想要的虚假的自我,尽管这个虚假的自我是现实的自我。学术人格异化是学术研究主体在学术研究的过程中实际奉行的原则与自己认为应当奉行的原则相违背。通常而言,无论是学术浮躁、学术不端(学术剽窃、学术造假),还是学术腐败,在学术研究主体那里都是被否定的,但是被否定的东西,自己在实际中却予以奉行,这就是学术人格的异化。简言之,所谓学术人格异化就是由应然的学术人格异化为与应然的学术人格相违背的实然的学术人格。

学术人格异化的直接结果是情感与现实的冲突。学术研究主体在学术人格异化的过程中,不管自己的所得多么符合自己的期望,但在情感体验上,他感受到的不是积极的情感,而是消极的情感。因为

---

① 张世明:《论学术兴趣之于学术研究的价值》,《淮北师范大学学报(哲学社会科学版)》2013年第1期。

② 张世明:《论学术兴趣之于学术研究的价值》,《淮北师范大学学报(哲学社会科学版)》2013年第1期。

无论现实多么容易让一个人习惯和适应被异化的东西，但是习惯和适应并不能泯灭人的良知和理性，当一个人看到自己身上存在的是种被异化的学术人格时，他不可能真正地尊重自己，不可能真正地心安理得，因此，他的内心产生的并不是真正的积极情感，而是这样或那样的消极情感。

（三）当代中国大学教师消极学术人格造成的后果

1. 学术研究的平庸化

相较民国时期和改革开放初期[①]，当代中国大学教师学术人格呈现式微的状况，表现为：大学教师学术人格的滑坡，部分大学教师并不想认真从事学术研究，甚至根本不想从事学术研究，之所以还从事所谓的学术研究，仅仅是为了通过所谓的学术研究，实现自己的功利性目的，即把学术研究仅仅作为手段而非作为目的。这种心态决定了这部分大学教师往往在学术研究上滋生出另外一种心态，即只想要结果，不想要过程。可是，只想要结果，不想要过程，是不可能的，因为这违反事物发展的规律，世界上不存在只有结果没有过程的事情。

既然无法脱离过程直接达致结果，但又不想亲自经历过程以获得这个过程所产生的必然结果，那么只能在过程和结果上动手脚了，让过程和结果在不费吹灰之力中尽快地出现。手段无非是：或者敷衍——对研究过程和内容，采取大而化之，浮皮潦草的态度；或者剽窃——将别人的东西据为己有；或者造假——以研究中并未出现的情况替代研究中真实出现的情况，或者根本没有进行研究而将想象

---

① 附录一、二收录的两篇文章《论“魁阁”的“卡里斯玛特质”》和《论西南联大教授的学者人格》，从不同视角表述了民国时期抗战中联大教授坚守学术传统，秉持学术自由、教授治校，具备宽容和合作特质的学者人格，堪称大学教师学术人格的典范。改革开放初期，大学教师学术人格的状态则在积极学术人格表现、原因中加以了详细的说明，故不赘述。

和设想中的虚拟的东西冒充所谓真实的东西；或者挂名——自己并没有亲自参与研究，但却在别人的学术成果上署上自己的姓名，煞有介事地好像这学术成果是自己研究的结果一般；或者交易——用权力、金钱或其他手段交换别人的学术成果；或者强夺——通过自己所拥有的利益攸关人轻易不敢冒犯的权力，习惯性地让下属或者其他人替自己进行所谓的学术研究，自己只须坐享其成。

怀着只想要结果不想要过程的心态，以违反学术道德的方式进行所谓的学术研究，只能导致学术研究的平庸化，因为在这种心态和手段之下，其所谓的研究成果无非是：低、假、重、多。学术成果的“低”“假”“重”“多”，就是学术的平庸化。

学术平庸化最突出的表现是学术成果的数量与质量严重不成比例。前文资料表明，因为人口基数庞大的关系，中国高校的学术成果在数量上惊人，但在质量上却相距甚远。在社会科学研究领域，中国的学术研究者缺乏更多的原创性理论；在自然科学研究领域，中国取得的成就要比社会科学领域的成就大得多，然而与 14 亿人口大国和每年投入的巨额财力相比仍然是不相称的。如果说社会科学领域，获奖可能带有很强的主观性，不一定能体现学术研究者的研究水平，那么在自然科学研究领域，由于研究成果具有较强的客观性和共识性，获奖可以体现学术研究者的研究水平。然而，作为最能反映一个国家自然科学研究水平的诺贝尔奖，三十多年来，我国也只有屠呦呦一人获奖。而这个诺贝尔奖，是改革开放之前奠定的基础，而非今天奠定的基础。所以，无论今天我国的学术研究取得了多少成果，就中国这样一个有着五千年文明和 14 亿人口的大国而言，学术研究的整体水平只能用平庸二字来定位。任何沾沾自喜，都是坐井观天，夜郎自大，不利于我国整体学术研究水平的提高。

2. 学术资源利用的低效化

当代中国大学教师的消极学术人格导致了学术研究的平庸化。

学术研究的平庸化，意味着学术资源利用的低效化，换言之，意味着学术资源利用的高耗化。无论是低效化，还是高耗化，都是对学术资源的巨大浪费。

目前中国在学术研究的投入方面，人力世界第一，财力世界前列。但是，中国学术研究成果的质量却无法与如此巨大的投入成正比。学术资源利用的低效化（高耗化），亦即学术资源的巨大浪费，是由学术人格式微等导致学术资源和平台的错位配置引起的：(1)不该占有和占据相应学术资源和学术平台的人，凭借权力或者关系，占有和占据了大量的学术资源和学术平台，大量的学术资源和学术平台成为他们发家致富的聚宝盆，仕途升迁的加油机。(2)应当得到相应学术资源和学术平台的人，却因为不愿丧失学术人格，不愿违背学术道德而得不到相应的学术资源和学术平台。学术资源配置错位的结果是：不学无术之人如鱼得水，而真正从事学术研究，坚持学术原则，不愿丧失学术人格的人，常常举步维艰。最终导致一方面学术资源被严重浪费，另一方面学术前进的道路被严重阻遏的后果。

3. 学术生态环境的恶化

在学术人格式微的环境中，学术公平正义根本无法得到保证，相反极其脆弱、微弱。在一个缺乏公平正义的环境中，无论是学术人格倾向于天然低下者，还是倾向于被动卷入者，都会不同程度地通过非正常手段，即丧失学术人格的手段来获取学术资源和学术平台。在这种环境中，围绕学术资源和学术平台展开的竞争，就是一种恶性竞争。

恶性竞争的结果是群体性地趋向于恶而非趋向于善。当群体性地趋向于恶而非趋向于善时，学术人格就会出现大幅度的滑坡。当学术人格出现大幅度的滑坡时，坚守学术人格就异常困难，因为任何一个试图坚守学术人格的人，就是与整个群体乃至整个体制作战。因此，当学术人格出现大幅度的滑坡时，每一个学术主体都会或多或少地烙上学术人格低下的烙印。当每一个学术主体的身上都烙上学术人格低下的烙印时，每一个学术主体彼此之间就会成为学术人格低下的共谋者，尤其是会成为那些试图坚守学术人格的谋杀者。因为学术人格低下者既然在所谓的学术研究中常常要违背学术人格，那么他就必须拉自己学术道路上的攸关人下水，否则在攸关人坚守学术人格的情况下，他何以通过违背学术人格的方式进行所谓的学术研究？因此，在学术人格大幅度滑坡的环境中，学术主体几乎或多或少地做着拉别人下水的事情，人与人之间彼此像恶鬼一样，相互拉扯，共同走向精神的地狱，谁也不得脱身。可见，一旦学术生态呈现出恶性竞争，即违背学术人格方式的竞争，整个学术生态就会愈加恶化。

在愈加恶化的学术生态环境中，虽然人人所犯的恶，似乎只是一种平庸的恶，但当这种恶成为一种群体性的恶时，就像布下了一张天罗地网，虽然令人窒息，但人人匍匐于其中，难以打破，更难以涤除。学术生态的恶化即无人格化，不但使学术公平和正义得不到伸张，而且扭曲了人的心灵，毒化了社会风气，阻遏了学术进步。

4. 学术道德的同流化

大学应该是社会的净化器和领航船，因为大学是由知识和文化层次较高的精英群体构成的；作为大学教师，应该具有为人师表的使命，所谓“学高为师，身正为范”。然而由于种种原因，大学教师的学术人格不容乐观，出现向下式微的趋势。大学教师学术人格的式微，使得大学与大学之外的社会在道德上几乎没有什么不同，即大学教师在道德上与大学之外的群体相比并无明显的优势。我们很难发现大学之外存在的不良东西不在大学中存在，不在大学教师身上存在，这就是最有力的证明。这种情况使得大学不但没有起到社会净化器和领航船的作用，而且与大学之外的不良东西交汇同流，相互激荡，蔚为壮观。如果说整个社会是一个大染缸，那么大学就是一个又一个小染缸，不但没有起到净化社会的作用，而且在加剧社会环境的恶化。

当然，有些人将学术道德的同流化“合理”地解释为适应社会，称作与时俱进，称作合理的社会存在，等等。但是这种观点不是把人自身当作目的和根本，而是把人之外的某种东西当作目的和根本。这种要求人适应人之外的东西，而不是要求人之外的东西适应人的理论，是难以真正做到以人为本的。就道德层面而言，学术道德的同流化最终导致了学术人的普遍非人化，简言之，就是在做人、做学问的过程中，缺少人的原则，缺少人的尊严。

5. 学术影响力被边缘化

学术研究者对社会的影响，主要通过两个方面发挥作用，一是能力与相应的成就，一是人格与相应的精神。两者相互促进，出现这种情况：一个人的能力越强，成就越大，其人格和精神就越容易得到传扬；一个人的人格越是高尚，精神越是顽强，其能力与成就越容易得到人们的接受。

从学术研究的这种意义上来说，大学教师对社会的影响，也是通过学术能力-成就和学术人格-精神两个方面发挥作用的。大学教师的学术能力越强，学术成就越大，其学术人格与精神越容易得到传扬；大学教师的学术人格越是高尚，精神越是顽强，其能力与成就越容易被人们接受。因此学术能力-成就与学术人格-精神之间，不但在各自生成上是相互促进的关系，而且在社会影响方面，也是一种相互促进的关系。

学术能力-成就与学术人格-精神之间的这种自内而外的相互促进的关系，在社会科学研究领域尤为突出。由于学术成就与学术人格的现存问题，使得部分从事学术研究的大学教师，其社会影响力还不如一些网络大 V。甚至就某个个别事件而言，整个学术界的声音往往还抵不过一个网络大 V 的声音，学术影响力的边缘化已经达到如此程度。这固然与学术属于“阳春白雪——和者盖寡”有关系，但也与学术界的学术成就和学术人格不无关系。当学术成就只是学术泡沫，甚至学术垃圾时，当学术人格极其平庸，甚至低微时，社会大众是难以接受、敬重并效法的。由此可见，学术界的今日状况恰恰反映的是学术界的实际存在价值。在民国时期以及改革开放初期，学术界的人物常常开风气之先，引领社会思潮，推动社会变革，而当今的学术界存在的只是一个又一个“自娱自乐”的小圈子，但消极的学术人格却透过一个又一个小染缸，彼此交汇，彼此熏染，彼此效法，这种状况和民国时期以及改革开放初期的学术人格、学术成就形成了鲜明的对比。

（四）导致当代中国大学教师消极学术人格的原因

1. 个人原因

导致当代中国大学教师消极学术人格的个人原因主要是大学教师从事学术研究过程中，学术兴趣的缺失和急功近利的心态。

基于兴趣从事学术研究是种理想的状态。现实中，很多大学教师从事学术研究是基于学术兴趣之外的原因走上了学术研究的道路。而当一个人从事自己不感兴趣的事情时，就会感到枯燥、厌烦、畏难，乃至痛苦。一旦一个人对自己的研究对象充满了诸多的消极情感，如果再缺乏道德或责任感，自然容易不择手段，不惜违背学术人格，以求“多、快、好、省”地完成任务，达到学术之外的目的。

现实中，存在的另一种状态是某些大学教师也许对自己从事的学术研究有一定的兴趣，但因为急功近利，希望从事的学术研究能够很快地实现自己期望的目的，就失去了对学术研究的耐心，这是因为除极个别幸运儿外，大多数的学术研究要取得能够让自己名利双收的成果往往都需要一个比较漫长的过程。于是急功近利者、不甘寂寞者、缺乏耐心者，为了缩短学术旅程，减少其中的辛苦和付出，早日名利双收，就像丛林中饥饿的野兽一样，“八仙过海，各显神通”，置侵犯他人权益于不顾，置虚耗百姓钱财于不顾，置学术人格于不顾。最终出现的是大学教师学术人格的下移即学术人格的式微。

2. 社会原因

导致当代中国大学教师消极学术人格的社会原因主要有：商品经济的冲击、惩罚机制的不健全、学术考核机制的不合理。

(1) 商品经济的冲击

在商品经济社会中，几乎一切都可以被商品化，几乎一切都可以用来交换其他的东西，所以交换行为是商品经济社会中最频繁的行为，或者说是最主要的生活方式；同时，在商品经济社会中，金钱是最大最便捷的交换媒介，几乎一切都可以兑换成金钱，然后再用金钱换回自己所需要的东西。因此，在商品经济社会中，人们的金钱意识非常浓厚，金钱观念非常强烈。在这种生活方式和观念之下，学术活动不可避免地受其影响。不想从事学术研究或者没有学术研究能力但又在从事学术研究的大学教师，就很容易或者用金钱、或者用权力交换学术资源、平台或者别人的学术成果。那些既不愿意用金钱交换，又没有权力可以利用，然而又天天渴望通过学术研究快速实现某一目的的人，只好采取剽窃或造假的办法。无论是采取交换的方式，还是采取剽窃或造假的方式，没有一个人会认真对待学术研究。因此，在学术腐败和学术不端行为盛行的同时，必然又会产生学术浮躁、学术异化的问题。由此可见，商品经济冲击下导致的以交换为主的生活方式和以金钱为重的价值观念，是大学教师学术人格式微的重要社会原因之一。

(2) 惩罚机制的不健全

造成学术人格式微的另一社会原因就是法律原因——惩罚机制的不健全。法律是主持正义的最后一道关口，如果这道关口形同虚设，那么公平正义的学术环境就无从谈起。学术不端问题层出不穷，学术不端现象日益泛滥，直接的原因就在于相关的惩罚机制不健全，既有的惩罚机制形同虚设。

首先，裁决学术问题的立法不健全。据笔者了解，除了《专利法》《著作权法》之外，中国目前还没有一部专门针对学术问题的法律，有的只是若干粗线条式的规定，比如《高等教育法》之第四十二条，主要将学术问题的裁定权授予各高校设立的学术委员会。立法的不健全，意味着不容易将学术问题诉诸法律；不容易将学术问题诉诸法律，意味着那些严重违背学术规范的学术主体不能受到相应或者足够的惩罚；不能受到相应或者足够的惩罚，意味着那些学术人格低下者，又或者对道德舆论无所谓者，就可以肆无忌惮地违背学术道德。同时，由于没有统一的学术规范和法律依据，即使遇到学术纠纷，往往也由各学术机构的学术委员会自行裁量，自行裁量的结果是公平正义难以得到保证。

其次，裁决学术问题的机构不健全。目前裁决学术问题的机构就是各高校设立的学术委员会。将高校学术问题的裁决权单单授予各高校的学术委员会是存在问题的，这意味着各高校学术委员会的裁决就是最终裁决；如果各高校的学术委员会是学术问题的最终裁决者，那么学术委员会的裁决如果不公正则很难有效地纠正、补救，也难以监督和惩罚学术委员会的渎职行为。

实际上，大学内部就是一个熟人社会，特别是行政领导、学术权威之间彼此充满着千丝万缕的人情关系、利益关系，一旦涉及到他们的学术问题，学术委员会实际上就变成了庇护机构，出现以下情况：

一方面，是否接受某一学术问题的裁决取决于学术委员会，如果学术委员会拒不接受裁决，普通个人毫无办法。哪怕是他的学术不端问题轰动学术界，哪怕是社会各界联署强烈要求予以调查，但只要学校以及学校的学术委员会决定庇护他，无论该学术不端问题多么轰动，要求调查的呼声多么强烈，该校的学术委员会都可以不闻不理，好像根本没发生过这回事，最后不了了之。另一方面，学术委员会如果是学术问题的唯一裁定机构，就无法纠正、补救学术委员会裁决不公的问题。既然学术委员会是唯一的裁定机构，那么学术委员会的裁定就是最终裁定。因此，无论最终裁定怎样，都不存在被推翻的可能，也不存在对学术委员会的行为进行追责的可能。学术委员会采取庇护的典型手法有两种：一是将学术剽窃说成是“引用不够规范”“治学不够严谨”等；二是将学术剽窃美名其曰“复制”，而且认为没有达到相应的“复制比”，就不算剽窃。

案例1：江汉大学学术委员会关于法学院李卫东被举报学术不端等问题的认定意见。……学术委员会认为：根据文本复制检测报告单(CNKI中国知网)显示检测结果：《可持续发展：我国生态文明观的表达和宣示》一文的文字复制比符合学术论文作品原创性要求的基本惯例，符合学术规范要求，不存在学术不端问题；《转型期社会管理研究》(中国社会科学出版社，2013年12月第一版)一书属编写性著作作品，根据文本复制检测报告单(CNKI中国知网)显示检测结果：导论《社会转型与社会管理的目标和发展趋势》文字复制比符合学术规范要求，不存在学术不端问题；第十二章《加快法治保障进程　实现社会善治》存在文字复制比过高(第十二章《加快法治保障进程　实现社会善治》第一部分的总文字复制比为88%、去除引用文献复制比为83.9%；第二部分的总文字复制比为97.5%、去除引用文献复制比为81.6%；第三部分的总文字复制比为89.3%、去除引用文献复制比为85.6%；第四部分的总文字复制比为72.2%、去除引用文献复制比为60.7%)，引用他人作品不够规范的问题，第一作者应承担主要的学术规范责任，但李卫东也存在把关不严，治学不够严谨的问题，应引以为诫。①

案例2：广西财经学院一院长论文重复率90%，学校认定“不是抄袭”。近日有广西财经学院法学院的教师向中国之声反映，院长雷裕春的九篇论文和一部专著，经知网检测，重复率有的在30%，有的甚至高达94%，而该校学术委员会认定所有论文都“不涉及抄袭”。……

广西财经学院纪委副书记张文安告诉记者，接到老师反映后，已经责成学校学术委员会对此进行调查，2016年初学术委员会请五位法学专家进行评判，第一次，认定雷裕春确系抄袭。在雷裕春不服，提出二次鉴定后，学术委员会又请来三位专家做出二次鉴定，这一次他们剔除论文中与此前公开发表文章重复的部分以及一些法律条文、术语，得出部分文章只有30%重复，在专家提交结果后，学术委员会认定，雷裕春不存在抄袭情况，“后面查重，前面四篇文章，一篇重复率30.8%，另外一篇大概31.18%。最后一篇19%，不构成抄袭。做重复率多少来进行判断，没有下结论是否构成抄袭，把这个问题提交给学术委员会，学校学术委员会讨论完采取不记名投票，认为不构成抄袭。”②

案例1，江汉大学学术委员会关于其校法学院院长李卫东被举报学术不端一事，以“文字复制比符合学术论文作品原创性要求的基本惯例”和“引用他人作品不够规范”、“治学不够严谨”最后做出“不存在学术不端问题”的裁决。案例2，广西财经学院学术委员会裁定其院长雷裕春的九篇论文、一部专著不构成抄袭，原因是国内未有明确

① 《江汉大学学术委员会关于法学院李卫东被举报学术不端等问题的认定意见》，网址：http://www.jhun.edu.cn/25/a6/c208a9638/page.htm，2015年8月14日。

② 《广西财经学院一院长论文重复率90%学校认定“不是抄袭”》，网址：http://china.cnr.cn/xwwgf/20170123/t20170123_523524662.shtml，2017年1月23日。

标准说明多少复制比构成抄袭。

（3）学术考核机制的不合理

学术考核机制的不合理主要在于学术考核的适用对象过于宽泛，将学术要求笼统地施加于所有的大学教师身上。无论是擅长教学的大学教师，还是擅长研究的大学教师，在工作量的考核以及职称的评定过程中，都必须以规定的学术条件为前提。这使得那些不适合，或者不感兴趣，或者根本没有时间和精力从事学术研究的大学教师被迫去搞所谓的学术，最终导致学术浮躁、敷衍、剽窃、造假等现象盛行，违背了大学教师理应具备的学术人格。

无论是学术资源（含学术平台）的分配，还是学术成果的受益（诸如学术奖励、职称评定等），总是以相应的学术成果评价为依据，因此学术成果评价机制是学术考核机制的核心。既然学术成果评价机制是学术考核机制的核心，那么学术成果评价机制存在的问题就是导致学术人格式微的更为直接的现实原因。

通常，人们习惯将学术成果评价机制的不合理或者存在的主要问题归为重量不重质的评价方法。这种归结其实是一种似是而非的归结，原因在于学术成果评价机制在原则上都是：首先是重质，然后重量；在重质的前提下，既重视质，又重视量。重视量本身是没有什么可指责的，难道学术成果不是越多越好吗？在质大体处于同一水平或者无法权衡高低的情况下，不进行量的比较还能进行怎样的比较？不选择量上的优先者，难道选择量上的落后者？因此，学术成果的数量也是进行学术评价、比较、选择和促进学术发展的不可或缺的因素。

量的比较是明确和客观的，因为谁也没办法说两篇文章是三篇文章，也没办法说三篇文章是两篇文章。因此，学术成果评价机制的问题在于质的评价方面，是质的评价不合理导致了包括学术人格式微等众多学术问题，而非量的评价不合理导致众多学术问题。进一步分析，质量评价不合理的问题在于学术成果评价主体的不当和错位，这是因为，学术评价的主体不是从事相关研究的学术主体或者说专业人员，而是相关研究的外部机构或者外行人员，比如一篇文章或者一部著作的质量如何，不是通过相关问题的研究人员或专业人士评价的，而是由期刊和出版社评价的，由于我们人为地将期刊和出版社分成不同的等级，因此，不同的等级就代表着不同的评价，而期刊和出版社并不是专业研究机构，其人员也不是专业研究人员，至少与相关研究的学术主体或专业人员相比，他们不是最优的学术评价主体。这就意味着："在某种程度上，我们已经把评审自己同事的程序转让给了那些权威杂志。"①因此，"在相当程度上，各个系已经不再自己判断一个申请人作为学者的优劣，而是等待出版社做这个决定。"②现在学术成果评价已经成为这样一种情况，即一篇文章通过什么等级的期刊发表，不管这篇文章实际质量如何，就被评定什么等级的文章；一部著作通过什么等级的出版出版，不管这部著作的实际质量如何，就被评定为什么等级的著作，这完全就是一种机械化、程序化的评价。在这种情况下，就很容易钻空子，很容易不择手段，因为无论通过什么方式，只要发表了论文或出版了著作，学术主体所在的学术机构都将予以认可，都会按照既定的期刊和出版社的等级定级。因此，学术成果评价主体的不当和错位，也是造成学术人格式微的重要原因。

---

① ［美］林塞·沃特斯：《希望的敌人：不发表则灭亡如何导致了学术的衰落》，王小莹译，商务印书馆 2011 年版，第 25—26 页。

② ［美］林塞·沃特斯：《希望的敌人：不发表则灭亡如何导致了学术的衰落》，王小莹译，商务印书馆 2011 年版，第 26 页。

第五章 当代中国大学教师学术人格提升路径

通过大学教师学术人格现状的分析可以看出，当代中国的学术生态系统在局部范围内已经出现失衡的状态，表现为学术浮躁、学术不端、学术腐败、学术异化等屡禁不止，大学教师的学术人格呈现式微、向下的趋势，学术生态系统内部危机重重，如果不加以重视，可能造成难以修复的局面。因此，针对当代中国大学教师学术人格存在的问题，根据大学的特征和使命、学术人格的基本规定与价值，结合西方学术人格的思想资源和实践经验，进一步探寻当代中国大学教师学术人格提升的实现路径，以促进学术自身、大学教师、大学和整个社会的健康发展是十分必要的。

一、改善学术生态环境

学术生态是在学术范畴内引入生态的概念，是学术和生态糅合的概念。因此，在分析学术生态、学术生态环境之前首先分析一下生态、生态环境、生态平衡的关系。通常，生态是指生物生存和发展的状态。生物的生存和发展离不开环境，在生物和环境相互影响、相互作用下形成的生态系统中，生物与生物之间、生物与环境之间有着千丝万缕的联系。正常情况下，生态系统内部具有自我调节功能，使其内部的诸要素处于相对平衡状态。但生态系统的自我调节功能不是万能的，平衡状态亦不是永恒的，当生态系统受到外力的干扰（自然因素、人为因素），超出了生态系统自我调节功能承受的限度，平衡状态就会遭到破坏。以亚洲鲤鱼在美国水域的肆虐为例，上世纪 70 年代，美国政府为清理南方养殖场和污水处理池中的藻类和污物，从东南亚引进了 8 种亚洲鱼类，投放到南方湖区。意想不到的是，南方湖区因遭遇洪水，亚洲鲤鱼逃到野外，由于没有天敌，亚洲鲤鱼大量繁殖，严重破坏了当地水域的生态平衡，当地政府谈“鲤”色变，动用大量人力、物力、财力、技术试图恢复其生态平衡状态，但至今仍未解决。亚洲鲤鱼在美国水域的肆虐，表明生态系统的平衡状态一旦被破坏，可能毁灭局部甚至整个生态系统。这种失衡状态可能在短时间内得到修复，也可能在相当长的时间内难以修复，甚至使生态系统长期处于失衡、无序状态，最终走向灭亡。图示为：

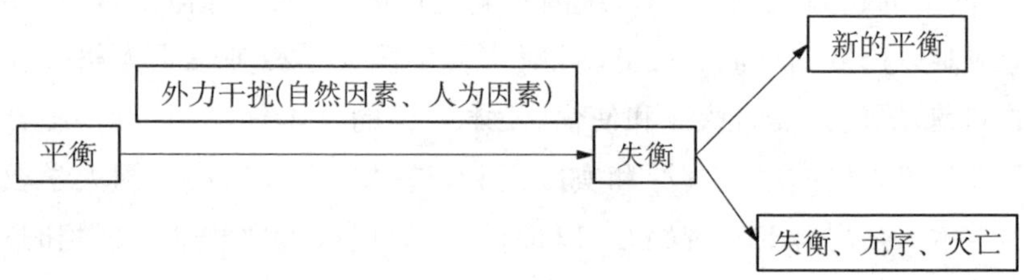

生态概念引入学术范畴内，学术领域成为了名副其实的学术圈。张启强认为，“学术生态是指由学术主体、学术客体以及软硬件环境等元素构成的一个相互联系、相互影响和相互制约的学术系统。”①在学术圈里，学术主体、学术客体、学术圈内、外部环境的诸要素相互影响、相互作用、相互制约，共同构成了学术生态系统。在大学学术圈里，学术主体主要是指从事学术研究的大学教师；学术客体主要是指学术研究对象（从属学科）、学术研究产出（论文、专著、项目、专利、技

① 张启强：《学术生态与学术可持续发展》，《科技管理研究》2007 年第 4 期。

术等);影响学术生态系统内部环境的因素主要有:学术资源(平台),学术制度(考核制度、管理制度),学术文化、学术氛围等,影响学术生态系统外部环境的因素主要有:政治、经济、科技、文化、人口等。图示为:

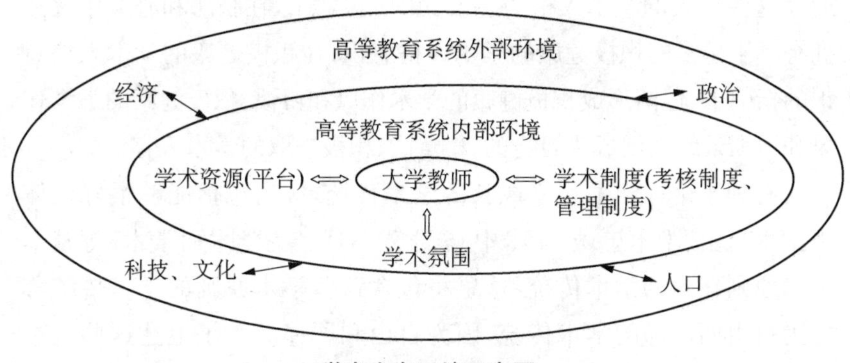

学术生态系统示意图

一般来说,大学教师在良好的学术生态环境中,以积极进取的学术人格从事学术研究,表现为学术自由、学术忠诚、学术中立、学术责任、为学术而学术,学术生态系统处于良性循环状态。当学术生态系统的良性循环状态被破坏,学术浮躁、学术不端、学术腐败、学术异化充斥其中,学术生态系统处于失衡状态,和生态系统失衡状态一样,这种失衡状态可能在短时间内得到修复,也可能在相当长的时间内难以修复,甚至使学术生态系统长期处于失衡、无序状态。可见,学术生态环境的优化可以使学术生态系统处于良性循环的状态。基于此,营造积极的学术氛围,构建良好的学术生态环境应该注意以下几点:

1. 继承、发展自由而严谨的学术传统

营造自由而严谨的学术氛围,应当立足于对自由而严谨的学术传统的继承和发展。这是因为,个体的精神成长,并不是单纯地依靠自己的冥思苦想和体验、体悟能够茁壮成长的，精神的茁壮成长更加依赖于广阔的精神源泉。因此，个体的精神成长主要是建立在前人累积的精神财富的基础之上。学术人格主要是以学术原则为核心的精神力量，需要从优良的学术传统中去追寻那些伟大的学术人格，然后在这些伟大的学术人格的感染、熏陶、鼓舞下，在脑海和心灵中逐渐拥有越来越多的积极健康的学术人格意识；在积极健康的学术人格意识的指引下，逐渐形成积极健康的学术作风和习惯；积极健康的学术作风和习惯最终发展成为自身的、稳定的、积极进取的学术人格。

有利于个体学术人格成长的学术传统，应当包括能够很好地体现学术自由、学术忠诚、学术中立、学术责任、“为学术而学术”等基本学术原则在内的学术传统，这里将包含这些学术原则的学术传统称之为自由而严谨的学术传统，因为自由和严谨涵盖了上述这些基本的学术原则。因此，这里所讲的学术传统，并不是以思想划界的学术传统，而是以学术人格划界的学术传统。也就是说，哪怕两个人的思想完全对立，但他们都主张学术自由，都坚持学术中立，都忠诚于学术，那么他们就都在自由而严谨的学术传统之列。

自由而严谨的学术传统，可以从西方的学术传统中寻找，也可以从中国的学术传统中寻找，但最好从中国的学术传统中寻找。这是因为，中国的学术传统对于中国的学术人具有天然的亲和力。就中国学术发展史而言，民国时期和改革开放初期一些大学的学术传统，大家、大师凝结的宝贵的学术人格就可以成为大学教师效法的榜样（见附录），成为鼓舞自己从事学术研究工作的精神力量。

2. 倡导自我反思与提升

自我反思和自我提升是一个人、一个民族、一个社会不断前进的永不枯竭的内在动力。这是真正的动力源泉，因为无论任何事情，最终都需要依靠人来做、来完成，所以只有当大学教师、学术界，乃至社会各界人士，能够自觉地反思现存问题，思考自己应当做出怎样的改变，应当为学术的健康发展做出怎样的努力，那么无数的个体的思想和行为，才可以汇聚成汪洋大海，才可以冲破一切樊篱、高墙和大坝，才会逐渐改变学术界存在的种种不健康状况。如果只是彼此抱怨，看不到自身的问题，一切都等着别人来完成、来改变，当所有的人都持这样的态度，健康的学术生态是难以形成的。历史不是自动机，必须依靠每个具体的个人的思想和行动去完成。

现代大学职能的演变使大学教师的职责随之发生变化，当代大学教师不仅承担着教学工作也承担着学术研究工作。既然从事学术研究工作，本身就应当承担着思考学术如何前进的问题，思考学术如何前进必然成为大学教师从事学术研究分内的事情，并非学术之外的事情。因此，大学教师应当反思自身是否存在学术浮躁、学术不端、学术腐败的情况，反思出现学术浮躁、学术不端、学术腐败的根源，找到了根源才能对症下药，改变学术人格滑坡的现状，并最终提升大学教师群体的学术人格。

自我提升就是要求大学教师通过反思，作为一个学术人应当如何从事学术，应当遵守怎样的学术原则，应当完成怎样的学术使命，然后根据应当奉行的学术原则和应当完成的学术使命，展开学术活动，努力克服一切不合学术原则的诱惑，努力克服一切阻碍完成学术使命的干扰。这就是大学教师从事学术研究工作应当具备的学术人格和学术良知。

"吾日三省吾身"，学术研究的过程，不单单是对研究对象进行研究的过程，而且是一个对自己"如何研究"进行思考的过程。只有对自己"如何研究"进行不断地反思，才能不断提升学术方法和学术人格，才能不断推动学术道路的前进，进而作为学术人中的一分子推动整个学术生态的良性发展。

3. 再塑学者型学术人格

学者型学术人格是大学教师发展的内在要求，这是由大学发展过程中形成的教育性和学术性的内在属性决定的。真正现代意义的大学起源于中世纪大学，12 世纪的博洛尼亚和巴黎最早获得了大学的正式资格，这“是因为相关文化环境的形成以及相关思想文化的传播从那里最先开始”①。在长期发展过程中，中世纪大学形成了以巴黎大学为代表的教师型大学模式和以博洛尼亚大学为代表的学生型大学模式，其他欧洲大学的建立不同程度地受到这两所大学的影响。中世纪大学以神学为首，形成了文、法、医、神四大学院（系科），大学之间的课程体系具有高度的统一性，讲学方法主要是讲授、辩论和大量的练习。从中世纪大学的系科设置、课程特征及教学方法来看，可以将中世纪大学称为教学型大学。无论教师型模式还是学生型模式都以知识传授（人才培养）作为大学唯一的职能，“所有中世纪大学的基本目的是专业教育，时代要求大批受过良好教育的人以满足其需求，大学接受了这一任务。法律、医学、神学和艺术都是需要有能力并受过教育的人所从事的事业。而大学正是提供这种经过很多训练的人的地方。”②中世纪大学在长达几世纪的发展中始终保持着这种传统，直到 19 世纪德国柏林大学的创办，最终打破了知识传授作为大学唯一职能的局面。

柏林大学的缔造者洪堡认为“大学的本质特征，即大学是以纯知识为对象的学术研究机构。”③、“大学兼有双重任务，一是对科学的探索，二是个性与道德的修养”④。秉持这种理念的洪堡在大学创办的实践中确立了“由科学达至修养”的原则，确立了科学研究在大学中的核心地位。“柏林大学从最初就把致力于专门科学研究作为主要

---

① 张楚廷：《张楚廷教育文集：第 15 卷高等教育哲学卷（续）》，湖南人民出版社 2012 年版，第 122 页。

② 潘懋元：《新编高等教育学》，北京师范大学出版社 2009 年版，第 36—37 页。

③ 陈洪婕：《德国古典大学观及其对中国的影响》，北京大学出版社 2007 年版，第 35 页。

④ 陈洪婕：《德国古典大学观及其对中国的影响》，北京大学出版社 2007 年版，第 29 页。

的要求，把授课效能仅作为次要的问题来考虑；更恰当地说，该校认为在科研方面有卓著成就的优秀学者，也总是最好和最有能力的教师。”[①]自此，大学发生了实质性的变化，大学不仅是传授知识、培养人才的场所，更是发现知识、从事科学研究活动的场所；同理，大学教师不仅是传授知识、培养人才的教师，而且还是从事科学研究的专家、学者；大学教师的职责也不仅局限于教学活动，还有科学研究活动。“教授必须不是从事教学和考试的国家官员，而是独立的学者。教学必须不是按规定的顺序进行，而是以教和学的自由的观点进行。目的不是百科全书式的信息，而是真正的科学文化，学生不是被看做仅仅作为国家官员为将来服务做准备，而是被看做年轻人，通过不受限制地学习科学，训练他们独立思考的理智和道德的自由。”[②]洪堡之后，尽管同处 19 世纪的英国著名高等教育家纽曼对德国大学的理念提出了质疑，认为“大学是传授普遍知识的地方”，大学的基本功能是教学而不是科研，科研取代教学违背了大学的本质属性，但这并未阻止柏林大学成为其他大学效仿的对象，教学与研究相结合的原则逐渐传播到世界各国大学，被视为大学存在与发展的基本原则。柏林大学的模式最终拓展了大学职能，相应地拓展了大学教师的职责，人们对大学教师的理解与期待完全超越了传统意义上的纯粹的“教书匠”的认知，在诸多的角色期待与认知中，大学教师已经涵盖了教育性和学术性的双重属性，承担了知识传授与知识发现的双重职责。

德国大学模式以教学和科研相结合为基本原则最终推动了德国科学的发展，使德国大学在 19 世纪这一时期逐渐成为世界大学的中心。但大学的发展并未因此停止，世界大学的中心再次发生迁移，到

---

① 转引自贺国庆、王保星、朱文富：《外国高等教育史》，人民教育出版社 2006 年版，第 161 页。

② 转引自贺国庆、王保星、朱文富：《外国高等教育史》，人民教育出版社 2006 年版，第 162 页。

20 世纪美国大学逐渐发展成为了世界大学的中心。受到实用主义哲学、科学教育思潮的影响以及社会发展的需要，19 世纪下半叶到 20 世纪初，美国政府先后颁布了《莫里尔法》《第二莫里尔法》《海奇法》《纳尔逊修正法》《史密斯——利弗法》，在上述法律规范的引导下，联邦各州兴起了赠地学院运动，其中，影响最深远的是威斯康星大学。威斯康星大学校长范海斯在任期间（1904—1918 年）提出“大学为州服务”的新理念，强调大学与州政府的密切合作，在各种类型学术研究工作的基础上，着力发展大学直接为社会服务的职能，“服务的观念成为他们恪守的核心准则”①，以此促进本州的经济建设和社会发展，这就是著名的“威斯康星观念”。威斯康星观念首先在美国传播，后被世界各国大学接受，使社会服务成为继人才培养、科学研究之后大学的第三项职能，大学进入了一个崭新的发展阶段，也对大学教师提出了更多的学术责任。

大学教师承担的学术责任与大学教师的另一称谓“学者”是密不可分的，学者型学术人格是大学教师发展的内在要求，这是由大学发展过程中形成的教育性和学术性的内在属性决定的。学者型学术人格除具有学术人格的基本规定，即学术自由、学术忠诚、学术中立、学术责任、“为学术而学术”之外，更应该突出学者的内在修养。郑晓沧先生在大学教育的两种理想中写道：“学者对于学术，固应尽其本务，不惮深究，而对于‘人性’，亦不可使其或失。”②也就是说，学者应该具备学术修养、人格修养，而“修养的目标在于人的自我发展和自我完善，达到道德的境界，它体现出一种对永恒的、超越时空的人的理想的追求”③，“人的价值就在于人的修养和精神的境界，而不能用功利

---

① 贺国庆、王保星、朱文富：《外国高等教育史》，人民教育出版社 2006 年版，第 237 页。

② 陈平原、谢泳：《民国大学：遥想大学当年》，东方出版社 2012 年版，第 274 页。

③ 陈洪婕：《德国古典大学观及其对中国的影响》，北京大学出版社 2007 年版，第 55 页。

和实用尺度来衡量”[①]，“使得修养变为精英式的修养”[②]，学者们也以“精神贵族”[③]自居。可见，学者的修养亦即学者的自我发展、自我完善，大学教师是大学机构中的可靠学者，他们以传授和发现高深知识为职责，是从事学术活动的特殊群体，从这种意义上说，大学教师应该摆脱狭隘的专业教育的束缚，摒弃功利性的思想，不断地自我完善和发展，最终达至道德的境界，成为“精神贵族”。那么，如何才能变一般修养为精英式的修养呢？对于大学教师而言，“由科学而达至修养”[④]是最佳途径。正如前文所述，学术研究活动是通过反复思考或试验，以获得增量知识或方法为目标的，且能够提供学理性解释的人类活动。在已知到未知的学术探究活动中，大学教师通过反思，知识内化，达到人格完善和自我发展，即形成精英式修养。综上所述，学者型学术人格是学术与修养的合二为一，在当今时代背景中，提倡再塑学者型学术人格对于改变学术人格的式微有着重要意义。

二、改革学术考核制度

学术考核制度的主要问题在于学术考核的适用对象过于宽泛。对此，应该根据大学教师的工作性质区别对待。简单地说，要实行“教”“研”“管”适度分流的考核制度。对擅长教学但不擅长研究的教师，从事管理而无时间、精力或能力从事研究的人员，取消其研究方面的考核，分别进行教学、管理等方面的考核。同时，在待遇提升、职称评定等方面，也要根据实际情况做出相应的分流，设置不同的系列，即教学系列、研究系列、管理系列等等。最为关键的是，分别考核机制要真正地落实到实处，不同系列的大学教师在待遇上应该大体

① 陈洪婕：《德国古典大学观及其对中国的影响》，北京大学出版社 2007 年版，第 56 页。
② 陈洪婕：《德国古典大学观及其对中国的影响》，北京大学出版社 2007 年版，第 56 页。
③ 陈洪婕：《德国古典大学观及其对中国的影响》，北京大学出版社 2007 年版，第 56 页。
④ 陈洪婕：《德国古典大学观及其对中国的影响》，北京大学出版社 2007 年版，第 30 页。

持平，否则就无法阻挡某一系列中的人员挤破头也要进入另一个系列的现象，然后滥竽充数，最后扰乱学术研究秩序。

也许，有人会说“以研究促进教学，以教学促进研究”。这个原则本身没有问题，问题是既然是学术研究，那就需要一定程度的创新，而要求所有的教学人员都必须从事以发表或出版成果为要求的学术研究，本质上就是搞不切实际的形式主义，只能是赶鸭子上架，被赶者只能是敷衍、剽窃、造假。同时，并非所有擅长学术研究的人员就擅长教学，反之亦然。正如纽曼所说：“发现和教学是两种迥异的职能，也是迥异的才能，并且同一个人兼备这两种才能的情形并不多见。整天忙于把自己现有知识传授给学生的人，也不可能有闲暇和精力去获取新的知识。”[①]因此，大学应该允许、鼓励大学教师进行不同系列的考核、评定，不能搞一刀切、大一统，不能机械地让所有教师均从事教学与研究。因此，无论从事教学，还是从事研究，还是二者兼有，都应当坚持以大学教师自愿选择的原则，应当以大学教师的实际为前提。依据这样的原则或前提，就可以增加学术考核、职称评定的灵活性，就可以让那些对教学或者研究没有能力胜任或者没有兴趣，甚至感到非常痛苦的大学教师，从中得到解脱，只做自己适合或感兴趣的工作，避免一哄而上，在所谓的研究系列中挤拼，从而导致不择手段，学术人格式微的情况。

学术评价制度是学术考核制度的核心，因为无论是学术资源（平台）的分配，还是学术成果的收益（诸如学术奖励、职称评定等），总是以相应的学术评价为依据。而学术评价制度改革的核心问题是改变学术评价的主体。目前，学术评价的主体主要不是从事相关研究的学术主体，而是学术之外的机构及其人员，因为目前各个高校评定学

---

① [英]约翰·亨利·纽曼：《大学的理想（节本）》，徐辉等译，浙江教育出版社 2001 年版，第 4 页。

术成果的级别时，就是根据期刊和出版社的等级进行评价，而不是交由具体的从事相关研究的学术主体进行评价，所以学术评价权貌似掌握在学术机构内部，实际上掌握在学术机构之外的机构手中。其结果是：其一，很容易出现外行评价内行的情况。虽然期刊和出版社有请匿名专业人士评议的做法，但有时这种做法会流于形式。其二，学术机构无法有效监督学术机构之外的机构及其人员所做的学术评价是否客观公正合理。比如，一篇文章是否达到了某个期刊的等级，一部著作是否达到了某个出版社的等级，学术机构自身无法监督，但是一旦这篇文章被发表，这部著作被出版，只要学术机构认定了期刊和出版社的等级，就必须认定这篇文章或著作的等级。其三，学术机构更无法监督学术主体通过各种不当手段发表或出版所谓的学术成果。改变这种状况的有效方法就是将学术评价的权利交由同行专家评议。假定学术评价的权力交由同行专家评议，那么不管学术成果发表在什么等级的期刊上，或者出版在什么等级的出版社，只要没有学术价值或学术意义，或者是存在剽窃和造假的情况，不管花费多少辛苦发表或者出版，都不会达到预期的所谓功利性的目的。这是因为，评价的依据不再是期刊或出版社的等级，而是同行专家的评议。

“道高一尺，魔高一丈”，人们不禁会问，如果交由同行专家评价，那么学术不端者试图接近评价者，对这些评价者进行人情、关系和贿赂等方面的人际攻关怎么办？这就需要健全和完善同行专家评议制度，做出方方面面的切实而详尽的规定。总的来说，同行专家评价制度至少需要符合以下几个关键词：(1)专业。评价者自身必须是相关研究领域中的专业研究者，或者自己的专业与被评价者的专业具有较强的相关性，这才能够保证评价能力或评价水平的要求。(2)匿名。向被评价者匿名评价者的个人信息，只有如此才能够避免被评价者试图接近评价者以进行人际攻关的可能。(3)限制。评价者完全有可能通过文献检索的方式查找被评价者的个人信息,然后向被评价者明示或暗示各种非分要求。这就需要对评价者指定固定的评价场所,并在评价期内对其人身和信息等方面做出一定程度的限制。(4)人数。评价者要有一定的数量,只有评价者达到一定的数量,才能尽量避免个人偏见。(5)随机。要建立相关专业的专家库,并不断予以更新,然后通过随机抽取的办法选择评价者,而不能由有关机构管理人员进行个人联系。(6)回避。被评价者有权申请排除可能对自己的学术成果存在人为不利的评价者。只有做到了上述六个方面,同行专家评价才有可能是客观公正的,才能避免前文中提及的问题。否则,极有可能流于形式,最终导致出现还不如通过期刊和出版社的等级来评价的情况。

三、改革学术管理制度

大学排名提升大学名气、职称评定提升教师声望,无论大学排名还是职称评定,都离不开学术研究,可以说,这是个以“学术研究产出论英雄”的时代。“学术 GDP”的提法不但使大学教师深陷其中,而且大学的发展亦唯学术研究产出为标准,大学教师整日忙于论文和专著发表、科研立项、成果评奖等,正如前文提到的我国学术成果数量已经跃居世界前列,令人担忧的是学术成果数量背后掩盖的质量问题,即在如此庞大的数字背后,真正有影响力的学术研究并没有和学术强国相匹配,学术泡沫化程度严重,学术求知求真的宗旨已经被部分大学教师抛于脑后,学术功利化、学术工具化反而成为常态,在这种背景之下,学术浮躁之气充斥其中,剽窃、造假等学术不端、学术腐败行为屡禁不止。以上种种现象说明现行的大学学术管理制度并没能很好地遏制学术泡沫、学术不端、学术腐败等问题,在某种程度上反而无视,甚至加剧了学术功利化、工具化的现象。综上所述,笔者认为,改革学术管理制度已经迫在眉睫,而改革学术管理制度的重点应着手解决学术委员会权责问题以及正确处理大学内部学术权力与行政权力的关系问题。

大学学术权力和行政权力的结构体系是在近、现代大学发展过程中逐渐形成的。中国近代第一所大学的辩争缘起于对大学概念理解的不同。喻本伐认为："京师大学堂为中国近现代第一所大学。"①刘敬坤认为："中国近代高等教育史上第一所正式的新式高等学堂，是 1895 年（光绪二十一年）天津海关道盛宣怀奏请设立的'天津西学学堂的头等学堂'。这个头等学堂，相当于日后的大学，分设工程学、电学、矿务学、机器学与例律学五科；1900 年停办，1903 年（光绪二十九年）复校，更名为北洋大学堂。"②蔡先金认为："中国近代最早的官办大学是北洋大学堂，紧接着就是京师大学堂"，③"洋务派的盛宣怀创立的北洋西学学堂成为中国近代第一所中国政府行使教育主权在自己的国土上创办的'国批官办'大学，也可以说是中国人自己创办的第一所近代大学，毫无疑义。与北洋大学堂相比，京师大学堂就成了中国近代史上第一所'国批国办'的大学。"④"京师大学堂创立之初身兼传统的太学制度与现代的大学建制的双重身份。"⑤通过分析，蔡先金最终认为："按照近代'大学'概念去理解，中国近代第一所大学应该是 1895 年创办的北洋大学堂，但是也不能忽视 1898 年举办的京师大学堂在近代大学起源期的重要意义。"⑥对于以上三种论述，笔者更倾向于蔡先金的提法。从中国近代大学的发展来看，京师大学堂的意义可谓重大，这是因为京师大学堂是北大的前身。在北京大

---

① 喻本伐：《中国近代大学"第一"之争剖辨》，《教育研究与实验》1995 年第 4 期。

② 刘敬坤、徐宏：《中国近代高等教育发展历程回顾（上）》，《东南大学学报（哲学社会科学版）》2004 年第 1 期。

③ 蔡先金：《"大学"之名与中国近代大学起源考辨》，《高等教育研究》2017 年第 1 期。

④ 蔡先金：《"大学"之名与中国近代大学起源考辨》，《高等教育研究》2017 年第 1 期。

⑤ 蔡先金：《"大学"之名与中国近代大学起源考辨》，《高等教育研究》2017 年第 1 期。

⑥ 蔡先金：《"大学"之名与中国近代大学起源考辨》，《高等教育研究》2017 年第 1 期。

学官网的北大简介中这样写道："北京大学创办于1898年，初名京师大学堂，是中国第一所国立综合性大学，也是当时中国最高教育行政机关。辛亥革命后，于1912年改为现名。"[①]北大以1898年京师大学堂为起点，时至今日，"在学科建设、人才培养、师资队伍建设、教学科研等各方面都取得了显著成绩，为将北大建设成为世界一流大学奠定了坚实的基础。今天的北京大学已经成为国家培养高素质、创造性人才的摇篮、科学研究的前沿和知识创新的重要基地和国际交流的重要桥梁和窗口"[②]。可以说，北京大学的发展某种意义上代表着中国近代大学的发展，更加确切地说，中国近代大学的发展离不开北大。而在北大百年多的发展历史上，不得不提的是蔡元培先生的改革，他倡导大学自治、教授治校，"循思想自由原则，取兼容并包主义……促进了思想解放和学术繁荣"[③]，北大改"官僚养成所"为"研究高深学问之所"，教授评议会成为最高决策机构。此后，教授评议会历经变化，大学内部逐渐形成学术权力与行政权力的权力结构体系，二者的力量对比也"是在均衡、打破均衡、寻求进一步均衡的过程中持续存在和发展的"。[④]

2014年1月29日教育部令第35号公布《高等学校学术委员会规程》，"规程"指出大学应设立学术委员会，学术委员会是大学的最高学术机构。同时，"规程"对组成规则、职责权限、运行制度等进行了明确规定。学术委员会正式登上了大学学术管理的舞台，但现实中，学术委员会在处理学术不端问题时却不尽如人意，有时甚至背离

---

① 《北京大学官网：北大简介》，网址：http://www.pku.edu.cn/about/bdjj/index.htm，引用时间：2017年2月28日。

② 《北京大学官网：北大简介》，网址：http://www.pku.edu.cn/about/bdjj/index.htm，引用时间：2017年2月28日。

③ 《北京大学官网：北大简介》，网址：http://www.pku.edu.cn/about/bdjj/index.htm，引用时间：2017年2月28日。

④ 附录3收录，刘晨光：《学术权力与行政权力的协调博弈》，《管理观察》2015年第19期。

基本的学术伦理常识，作出令人大跌眼镜的裁决，前文提及的广西财经学院一院长论文重复率90%，学校认定“不是抄袭”的案例即是如此。由此可见，学术委员会在处理学术事务时，应该避免来自行政部门的干预，正确处理和把握学术权力和行政权力的关系问题。但我国的大学内部本身就是一个关系错综复杂的人情社会，行政权力和学术权力之间彼此充满着错综复杂的利益关系、人情关系，因此，一旦学术问题涉及的是行政领导、学术权威，学术委员会行使的学术权力如同虚设，博弈的结果是相互妥协，最终学术委员会成为学术问题的庇护所，难以作出公平的裁决。事实上，解决这一问题的重点和难点就在于学术委员会的组成、权责、运行等的落实，重点把握以下几点：(1)组成。学术委员会的组成，规程中已有详细的规定，这里特别强调的是，学术委员会成员应该通过民主选举产生，在解决争议问题时，注意秉持权威、中立、客观、公正等原则，必要时聘请校外专家或学者，避免利益的交织；(2)权责。学术委员会的权责必须明确，学术事务的处理应该经由学术委员会，而不是学校的行政管理部门，必要时应就学术事务行使质询权；(3)运行。学术委员会的运行应常态化，全体会议应定期召开，处理学术事务，履行职责等。行使学术权力和行政权力的部门应该各尽其责，在行为信念选择一致性的基础上，促进大学学术的健康发展。

四、健全学术立法

没有多少大学教师对有关学术剽窃、造假和腐败的问题感到惊奇；没有多少大学教师不知道基本的学术规范和学术要求；没有多少大学教师不知道学术中的种种问题与学术体制存在着莫大的关系；没有一所大学未设立学术委员会；没有一所大学不隔三差五地强调改革云云，甚至还提出“去行政化”等等口号……但是为什么学术自由总会受到形形色色的限制和干涉？为什么学术泡沫一天比一天膨胀？为什么学术剽窃、造假和腐败以及由此造成的学术不公、学术异化依然如故？根本的原因在于学术体制的问题，但单靠学术体制的自我变革是不能解决这些问题的，因为学术体制的变革取决于学术体制之外的支配学术体制的政策，因此要改变学术体制，就必须先改变学术体制外的支配学术体制的政策，在支配学术体制的政策没有发生改变的情况下，学术体制何以改变？因此没有学术体制之外的政策的改革，就不可能有真正的学术体制的改革，任何试图单纯在学术体制内寻求解决学术问题的根本之道，都是隔靴搔痒、缘木求鱼。因此改变学术体制之外的支配学术体制的政策，是解决学术体制内的问题的钥匙。笔者将着重从健全学术立法的角度加以分析，以期实现解决学术领域中现存的问题。

学术立法不健全，使得很多严重违背学术规范，侵犯他人权益的行为，无法被诉诸法律，从而无法使其得到有力的打击，这是学术不端行为嚣张和泛滥、学术人格式微的重要法律原因。如何健全学术立法，笔者认为当务之急，需要健全两个方面的立法：

1. 健全对学术剽窃、造假和腐败行为的认定和惩罚的立法

目前，除《专利法》《著作权法》外，尚没有关于对学术剽窃、造假和腐败等行为作以明确规定的专门法律。必须通过专门的立法，对学术剽窃、造假和腐败的依据做出切实而详细的规定，对学术剽窃、造假和腐败达到何种程度，应当处以何种级别的惩罚做出分门别类的明晰的规定，同其他法律一样，情节严重程度、数量多少等等做出详细的规定。笔者相信，如果能够通过立法严惩学术剽窃、造假和腐败等行为，势必会遏制学术问题的愈演愈烈。

需要注意的是，认定是否为学术剽窃不能单纯地以动机为标准，而是要以情节的严重程度、数量的多少为标准。如果是极少的几处没有注明出处的情况，有可能是疏忽大意；如果是多处，甚至到处都存在不注明出处的情况，不管动机如何，都必须定性为学术剽窃。此

外，没有注明出处的行为不能称为“引用不规范”。“引用不规范”是指在标明出处的过程中，不合通常的书写规范。否则，学术剽窃者、学术委员会、其他学术裁定机构都可以将某种学术剽窃行为称作“引用不规范”，从而逃避相应的惩罚。

目前各个大学、期刊、杂志出版社等机构在学术论文或者著作是否涉嫌剽窃的问题上，规定了所谓的“复制比”，这种做法带来的直接后果是为学术剽窃开绿灯。所谓的“复制比”，又叫“重复率”，就是学术主体的论文或者著作中与他人论文或者著作中的重复内容占本论文或著作全部内容的多少比例。未超过大学、期刊、杂志出版社等机构规定的比例，就是“复制”或“重复”，而不是剽窃；反之超过了规定的比例，就是剽窃。“复制比”或“重复率”的提法存在以下几个问题：首先，各个大学、期刊、杂志出版社等机构规定的“复制比”或“重复率”，并没有将剽窃与引用分开，而是将剽窃和引用都算作重复，只要没有超过规定的“复制比”或“重复率”，哪怕“复制”“重复”的内容中有剽窃的内容，也不会被认定为剽窃。其次，所谓的“复制比”或“重复率”是根据字数来计算的，而不是根据内容的重要性来衡量的。可是，一篇论文或著作中，并非所有的文字在价值上都是一样的，相反，有的是关键部分，有的不是关键部分，如果剽窃他人的学术成果，字数虽然少，但如果是关键部分，该如何认定呢？再次，从常识的角度讲，是否剽窃本身就不能用所谓的重复字数的多少来衡量。哪怕是一句话，如果是剽窃而来的，那也是剽窃，而不能是所谓的重复，就像哪怕是偷别人一分钱，那也是偷来的，而不能定性为拿来的。剽窃字数的多少，只能作为剽窃情节是否严重的依据，但不能用重复字数的多少作为判定是否剽窃的依据。因此，目前各个大学、期刊、杂志出版社等机构规定的“复制比”或“重复率”实际上是公开为学术剽窃开绿灯，造成中国学术界特别是社会科学领域中的奇怪现象，即观点是别人的，但通过简单的文字的修改可以顺利地通过所谓的重复率检测。

同时，作为立法应该避免出现“治学不够严谨”诸如此类弹性极大、模棱两可的语句。将诸如此类的语句作为判定学术不端等行为性质的依据，只能导致人治而不是法治，因为裁决者完全可以把学术上的违法和犯罪行为笼统地归结为“治学不够严谨”，最终导致健全学术立法成为空洞的口号，难以解决学术领域中既定的问题。

2. 通过立法健全学术仲裁或审判机构

学术问题的裁决主要由各学术机构所设立的学术委员会来履行。将学术委员会作为裁决学术问题的唯一机构（专利问题除外），存在以下几个难以克服的问题：其一，学术委员会很难做出公正的裁决。学术委员会是一个学术机构内的分支机构，其构成人员与学术机构内部的许多成员存在着千丝万缕的人情和利益关系，这种情况无法使学术委员会处于可以做出公正裁决所需要的超然位置。其二，对学术委员会做出的不公裁决无法有效补救。如果学术委员会是学术问题的唯一裁决机构，就意味着学术委员会的裁决是最终裁决。如果学术委员会的裁决是最终裁决，那么学术委员会的裁决如果不公正，如何对学术委员会做出的不公裁决进行补救？其三，无法对学术委员会进行监督和惩罚。如果学术委员会是学术问题的唯一裁决机构，那么谁来监督学术委员会的裁决？谁来惩罚学术委员会的渎职行为？

基于上述理由，笔者认为，各个学术机构所设立的学术委员会，不能作为裁决学术问题的主要机构，而只能作为日常性的不具有法律效力的裁决机构。在学术委员会之外，应当设立独立的学术仲裁或审判机构，其裁决效力要高于学术委员会。在学术委员会之外设立独立的学术仲裁或审判机构，能够尽量避免复杂的人情关系，及时纠正学术委员会的裁决不公问题，能够对学术委员会实施监督并采取必要的惩罚。最为重要的是，设立独立的学术仲裁或审判机构，让剽窃和造假等学术不端问题、学术腐败问题进入司法领域，可以加大打击学术不端、学术腐败的力度，从而威慑种种学术不端、学术腐败的企图。

结 语

1999 年，中国高校拉开了扩招序幕。此后，大学学生数量以几何级数增长，大学教师、行政管理人员、教辅人员、实验技术人员数量增加，各个大学的规模不断扩大，专科学校在仓促、忙碌中升至本科学院，学院在仓促、忙碌中升至大学，大学内部在短期内呈现了生机盎然的高速增长。大学教师显得比任何时候都更加忙碌，他们要给更多的学生上课、指导，要花更多的时间申请课题项目，从事科学研究，著书论说。忙碌的背后掩盖了大学教师面临的发展危机，以 H 大学 W 学院青年教师职称评定为例：H 大学 W 学院现有专任教师 108 人，其中讲师、助教 85 人，副教授 18 人，教授 5 人，假如每年限制副教授及教授评审名额(甚至每年每学院评审名额为 1)，这种情况意味着大多数青年教师被剥夺了职称晋升的权利。换句话说，如果大学教师的高级职称编制出现这样的局面，即除非拥有高级职称的教授、副教授离职、退休，或出现其他事故而导致高级职称的编制空缺，其他教师才有资格申请到该高级职称。这就意味着大学教师整体发展的中断，势必会影响大学的长远发展。正如爱德华·希尔斯所说，“对那些保证在未来几十年作为大学里从事教学与研究的学术成员的聘任或晋升决定，比任何的大学管理改革或任何的教学大纲与课程计划的修订，更能保证未来一代的学术质量。”①上述事例表明大学教师在聘任或晋升过程中面临的某种程度的危机，也从侧面反映出学术生态环境的某种变化。

事实上，从事学术研究必须遵循探索高深知识的基本原则，即学术自由、学术忠诚、学术中立、学术责任、“为学术而学术”。这些原则在学术研究过程中却日益受到严峻的挑战，中国的绝大数大学正面临着“多米诺骨牌效应”的危险境地，学术生态的破坏、学术政治化传统的影响、学术主体的学术兴趣缺失和急功近利的心态、商品经济的冲击、惩罚机制的不健全、学术考核机制的不合理等原因，使得学术浮躁、学术不端、学术腐败、学术异化等问题愈演愈烈，中国大学教师学术人格存在的问题已经导致了学术的平庸化、学术资源利用的低效化、学术生态的恶化、学术道德的同流化、学术影响力的边缘化等严重的后果，如不加以遏制，势必会造成学术生态的恶性循环。因此，尽管当代中国大学教师学术人格从总体上说是积极进取的，但大学教师学术人格问题的深刻挖掘旨在促进学术的健康发展，并为大学教师学术人格的提升提供依据。

本书第一章主要界定与研究主题相关的重要概念，明确这些概念在书中的具体指向，避免一些不必要的误解；第二章主要梳理书中所论及的学术人格在思想上的渊源，为研究当代中国大学教师学术人格奠定思想基础；第三章主要阐明学术人格的基本规定与价值，为研究当代中国大学教师学术人格确立参照标准和目标；第四章主要分析当代中国大学教师学术人格的状况，如果说前三章是为本章的研究所做的铺垫或者说准备工作的话，那么可以说，本章是研究的主题，通过对当代中国大学教师学术人格状况的全面分析后不难发现，

---

① [美]爱德华·希尔斯：《学术的秩序——当代大学论文集》，李家永译，商务印书馆 2007 年版，第 364 页。

大学教师的学术人格从总体上说是积极进取的，但也存在着学术浮躁、学术不端、学术腐败、学术异化等问题；第五章主要探寻当代中国大学教师学术人格的提升路径，针对当代中国大学教师学术研究、学术人格存在的问题，根据大学的特征和使命、学术人格的基本规定与价值，结合西方学术人格思想资源和实践经验，着手改善学术生态环境继承，发展自由而严谨的学术传统，倡导大学教师的自我反省与提升，再塑学者型学术人格，改革学术管理制度，改革学术考核机制，健全学术立法，最终促进学术自身、大学教师、大学乃至整个社会的健康发展。

通过逐步提升大学教师的学术人格，使大学教师的学术人格达到如此境界：或如闻一多先生所说“生命的量至多不过百年，他的质却可以无限度地往高深醇美的境域发展”①，或如林塞·沃特斯所说，“这些人会花费生命中的许多岁月，像探险者一样为抵达极地而努力，而且因为大雪蔽日，无法确切判断地理位置，不知自己是否已经成功”②，仍然能够坚定地保持着学术精神。

---

① 转引自胡显章、曹莉：《学术与人生》，清华大学出版社 2011 年版，第 15 页。

② [美]林塞·沃特斯：《希望的敌人：不发表则灭亡如何导致了学术的衰落》，王小莹译，商务印书馆 2011 年版，第 90 页。

参考文献

[1] [美]伯顿·R. 克拉克:《高等教育系统——学术组织的跨国研究》,王承绪等译,杭州大学出版社 1994 年版。

[2] [美]约翰·S. 布鲁贝克:《高等教育哲学》,王承绪等译,浙江教育出版社 2002 年版。

[3] 张世明:《论学术兴趣之于学术研究的价值》,《淮北师范大学学报(哲学社会科学版)》2013 年第 1 期。

[4] 潘懋元:《新编高等教育学》,北京师范大学出版社 2009 年版。

[5] 贺国庆、王保星、朱文富:《外国高等教育史》,人民教育出版社 2006 年版。

[6] 梁启超:《清代学术概论》,中国人民大学出版社 2004 年版,第 271 页。

[7] 辞书编辑委员会:《辞海下(第六版普及本)》,上海辞书出版社 2010 年版,第 4506 页。

[8] 李伯重:《论学术与学术标准》,《社会科学论坛》2005 年第三期。

[9] [英]约翰·亨利·纽曼:《大学的理想(节本)》,徐辉等译,浙江教育出版社 2001 年版。

[10]《礼记·中庸》

[11]《论语·里仁》

[12]《论语·雍也》

[13]《论语·宪问》

[14] 陆九渊:《象山先生全集》卷三五《语录》

[15] 唐甄:《潜书·自明》

[16] 黄宗羲:《明儒学案·凡例》

[17] 颜元:《颜习斋先生言行录》卷下《学问》第二十

[18]《论语·述而》

[19]《礼记·大学》

[20] [德]费希特:《论学者的使命 人的使命》,梁志学、沈真译,商务印书馆 1984 年版。
[21] [德]马克斯·韦伯:《学术与政治: 韦伯的两篇演说》,冯克利译,生活·读书·新知三联书店 1998 年版。
[22] [德]马克斯·韦伯:《韦伯论大学》,孙传钊译,江苏人民出版社 2006 年版。
[23] [德]马克斯·韦伯:《社会科学方法论》,韩水法、莫茜译,中央编译出版社 1998 年版。
[24] [德]卡尔·雅斯贝尔斯:《大学之理念》,邱立波译,上海人民出版社 2007 年版。
[25] [德]卡尔·雅斯贝尔斯:《什么是教育》,邹进译,生活·读书·新知三联书店 1991 年版。
[26] [美]德里克·博克:《走出象牙塔——现代大学的社会责任》,徐小洲、陈军译,浙江教育出版社 2001 年版。
[27] [意]布鲁诺·莱奥尼等:《自由与法律》,秋风译,吉林大学出版社 2004 年版。
[28] 谢俊:《大学的学术自由及其限度》,西南大学 2010 年。
[29] [英]迈克尔·博兰尼:《自由的逻辑》,冯银江等译,吉林人民出版社 2002 年版。
[30] [美]爱德华·希尔斯:《学术的秩序——当代大学论文集》,李家永译,商务印书馆 2007 年版。
[31] [美]唐纳德·肯尼迪:《学术责任》,阎凤桥等译,新华出版社 2002 年版。
[32] 陈恒六:《从科学家对待原子弹的态度看知识分子的社会责任》,《政治学研究》1987 年第 6 期。
[33] 科学、工程与公共政策委员会:《怎样当一名科学家——科学研究中的负责行为》,刘华杰译,北京理工大学出版社 2004 年版。
[34] [古希腊]柏拉图:《理想国》,郭斌和、张竹明译,商务印书馆 1986 年版。
[35] [古希腊]亚里士多德《形而上学》,吴寿彭译,商务印书馆 1959 年版。
[36] 梁启超:《清代学术概论》,天津古籍出版社 2004 年版。
[37] 程莹等:《世界大学学术排名解析(2013—2014)》,上海交通大学出版社 2014 年版。
[38] 刘诗瑶:《我国高被引论文数排名世界第四位》,《人民日报》2016 年 02 月 23 日 12 版。
[39]《国际专利申请数量统计出炉 中美日稳居世界前三》,网址: http://news.sciencenet.cn/htmlnews/2016/3/340853.shtm,2016 年 3 月 17 日。

[40] 吴月芽:《高校学报学术文章低水平重复发表的客观原因及对策》,《中央民族大学学报(哲学社会科学版)》2007 年第 4 期。
[41] 蒋来、詹爱岚:《高校科研活动中的不端行为及对策研究》,《中国科学基金》2015 年第 1 期。
[42]《【科学网】基金委召开“捍卫科学道德　反对科研不端”通报会》,网址:http://www.nsfc.gov.cn/publish/portal0/tab88/info53446.htm,2016 年 12 月 14 日。
[43] 张晴、姚长青、潘云涛、田瑞强:《中文学术期刊撤销论文研究》,《中国科技期刊研究》2014 年第 5 期。
[44] 胡庆江、何玮佳、柳锐:《基于 DEA 的“985 工程”院校科研效率评价》,《科技进步与对策》2011 年第 19 期。
[45] 陈洪转、羊震、刘思峰、许静:《基于滞后 DEA 的我国高校科研经费使用效率评价》,《管理评论》2011 年第 8 期。
[46] 王彬彬:《汪晖〈反抗绝望——鲁迅及其文学世界〉的学风问题》,《文艺研究》2010 年第 3 期。
[47] 石萌萌:《笹井芳树事件引科学界深思》,《科技导报》2014 年第 24 期。
[48]《江汉大学学术委员会关于法学院李卫东被举报学术不端等问题的认定意见》,网址:http://www.jhun.edu.cn/25/a6/c208a9638/page.htm,2015 年 8 月 14 日。
[49]《广西财经学院一院长论文重复率 90%学校认定“不是抄袭”》,网址:http://china.cnr.cn/xwwgf/20170123/t20170123_523524662.shtml,2017 年 1 月 23 日。
[50] [美]林塞·沃特斯:《希望的敌人:不发表则灭亡如何导致了学术的衰落》,王小莹译,商务印书馆 2011 年版。
[51] 张启强:《学术生态与学术可持续发展》,《科技管理研究》2007 年第 4 期。
[52] 张楚廷:《张楚廷教育文集:第 15 卷高等教育哲学卷(续)》,湖南人民出版社 2012 年版。
[53] 陈洪婕:《德国古典大学观及其对中国的影响》,北京大学出版社 2007 年版。
[54] 喻本伐:《中国近代大学“第一”之争剖辨》,《教育研究与实验》1995 年第 4 期。
[55] 刘敬坤、徐宏:《中国近代高等教育发展历程回顾(上)》,《东南大学学报(哲学社会科学版)》2004 年第 1 期。
[56] 蔡先金:《“大学”之名与中国近代大学起源考辨》,《高等教育研究》2017 年第 1 期。

[57]《北京大学官网：北大简介》,网址：http://www.pku.edu.cn/about/bdjj/index.htm,引用时间：2017.2.28。
[58] 胡显章、曹莉：《学术与人生》,清华大学出版社 2011 年版。

附录一 论“魁阁”的“卡里斯玛”特质[①]

摘要：20 世纪 30～40 年代，以费孝通为首的“魁阁”在社会学和人类学领域取得了丰硕的研究成果，在民国时期的学术史上具有重要的地位。运用“卡里斯玛”理论，分析了“魁阁”的“卡里斯玛”特质，认为“魁阁”的出现具备“卡里斯玛”产生所要求的主客观因素，其领袖人物具有“卡里斯玛”特质。非制度化体现了“卡里斯玛”型组织的制度与结构特征，经济来源符合“卡里斯玛”组织的“非经济性”特征，甚至其解体也验证了“卡里斯玛”型组织的宿命。

关键词：“魁阁”；“卡里斯玛”特质；主客观因素；领袖人物；制度与结构特征

抗战爆发后的 1938 年 9 月，费孝通留学回国到云南大学社会学系任教，得到了社会学系的创办者吴文藻的支持，在社会学系附设了一个研究工作站——社会学实地调查工作站，以方便费孝通等人进行调查研究工作。因昆明遭到日机的频繁空袭，工作站于 1940 年 10 月迁往昆明附近的呈贡县老城墙村的魁星阁，继续从事调查研究工作。于是，“魁阁”成了社会学实地调查工作站的代称。抗战结束后，

---

① 本文原载《重庆科技学院学报（社会科学版）》2016 年第 12 期。

工作站于 1945 年 9 月迁回昆明本部。在历时 6 年中，以费孝通为首，包括谷苞、胡庆钧、李有义、林耀华、史国衡、陶云逵、田汝康、王康、许烺光、袁方、翟同祖、张之毅、张宗颖等人先后进入“魁阁”从事社会学和人类学研究工作，发表了大量的具有国际影响力的论著、论文，开创了民国学术史上著名的“魁阁时代”。

当代学者对“魁阁”的研究，主要侧重于“魁阁”的源起、学术成就、人物经历等方面的史料性挖掘，而很少注意到这个出现在中国大地上的学术团体非常吻合以马克斯·韦伯为代表的西方学者笔下的“卡里斯玛”特质。不论二者的吻合是巧合还是必然，但借助西方学者视域下的“卡里斯玛”理论对“魁阁”进行深入解读，探讨“魁阁”学术辉煌的深层原因，揭示未来中国学术发展之路，都具有重要的现实意义。

一、“卡里斯玛”理论的历史流变

（一）韦伯的“卡里斯玛”理论

“卡里斯玛”是早期的基督教术语，鲁道尔夫·索姆在《教会法》中将“卡里斯玛”解释为“魅力”“天赋特质”“感召力”等。德国社会学家马克斯·韦伯将“卡里斯玛”引入社会科学领域，使“卡里斯玛”成为其政治社会学的重要概念之一。韦伯认为“卡里斯玛”魅力型领袖的人格特征是：他们具有超自然或超人的智慧、力量和品质，能够把众多的人吸引在其周围，成为其追随者和信徒，并共同为某种伟大的目标而奋斗。据此，韦伯将具有“卡里斯玛”型人格特征的魅力型领袖统治，视为历史上存在过的三种合法性统治类型中的一种，即“卡里斯玛”型统治是建立在对“非凡的献身于一个人以及由他所默示和创立的制度的神圣性，或者英雄气概，或者楷模样板之上”[1]。“卡里斯玛”型统治服从的是具有非凡品质的领袖，在相信“卡里斯玛”适用范围内，“由于个人信赖默示、英雄主义和楷模榜样而服从他”[1]。在韦伯看来，“卡里斯玛”型统治具有以下特征：

1. “卡里斯玛”的合法性源于个人魅力

“卡里斯玛”的合法性直接取决于追随者的承认。所谓承认就是追随者依据使命和实际考验产生的对领袖人物的信赖。但追随者对“卡里斯玛”合法性的承认则源于“他被视为(天分过人)具有超自然的或者超人的,或者特别非凡的、任何其他人都无法企及的力量或素质,或者被视为神灵差遣的,或者被视为楷模,因此也被视为领袖”[1]的品质。简言之,“卡里斯玛”式领袖人物的天赋性、神圣性等特质,即非凡的个人魅力是其合法性获得追随者承认的前提。

2. “卡里斯玛”的权威具有不稳定性

“倘若实际考验不能维持持久,则表明受魅力的恩宠者被他的上帝所遗弃,或者丧失他的魔力或英雄的力量,倘若他长久未能取得成就,尤其是倘若他的领导没有给被统治者以幸福安康,那么他的魅力型权威的机会就会消失。”[1]简言之,“卡里斯玛”如果不能经受实践的考验,其权威即合法性就随之消失。因此,“卡里斯玛”型统治续存的关键是合理地解决接班人问题,如能出现新的魅力领袖,“卡里斯玛”就得以延续,否则“卡里斯玛”便宣告终结。

3. “卡里斯玛”的统治方式具有神秘性和任意性

“卡里斯玛”型统治与合法型统治、传统型统治存在着尖锐的对立。“卡里斯玛”型统治并不存在鲜明的等级制度,也不受传统先例的约束,而是按照魅力的品质进行选择,其合法性适用的原则为:承认即合法。就此而言,个人的魅力品质及其经受实践考验形成的社会关系造就了“卡里斯玛”型统治的方式:没有规章,没有固定机构,没有任免,没有等级制度,也没有特权,而是“依据默示、神谕、灵感或者依据具体的创造意志”[1]。

4. “卡里斯玛”的经济来源具有“非经济性”

“卡里斯玛”拒绝平庸的日常生活,拒绝合法的或传统的日常经济事务,不直接从事生产、贸易等经济活动,因此其在经济来源上具有“非经济性”。“如果它的使命是一种和平的使命的话，它在经济上的必要的物资供给，或者通过个人的捐助或者荣誉馈赠，或者通过使命所指的人的会费或者其他自愿的奉献”[2]，甚至掳掠。因此，从合理的经济角度讲，“卡里斯玛”“是一种‘非经济性’的典型政权”[1]。

5.“卡里斯玛”的英雄主义信仰具有强烈的革命性

“魅力统治的权力是建立在对默示和英雄的信仰之上的。……这种信仰‘从内部’出发对人进行革命化，并企图依照它自己革命的意愿，来塑造事物和制度。”[2]“魅力在其最高的表现中，从根本上突破规则和传统，干脆推翻所有神圣的概念。它不是让人孝敬历来就习以为常的、因此是神圣的东西，而是强制服从还未曾存在过的、绝对是独一无二的、因此是神圣的东西。”[2]“卡里斯玛”的英雄主义信仰之所以具有强烈的革命性在于“卡里斯玛”承认非凡魅力的真实性，在实践考验中听从其内心的召唤而行动。当内心的体验达到某种狂热状态并产生新的思想时，会毫不留情地颠覆一切与之相悖的传统与规则，从而焕发出巨大的革命力量。

（二）后韦伯时代的“卡里斯玛”理论

韦伯心目中的“卡里斯玛”生于忧患，凭借其非凡的“超自然”特质经受实践的考验。具体说，韦伯心目中的“卡里斯玛”具有强烈的宗教性、神圣性。韦伯之后的学者则尝试从不同的视角阐释“卡里斯玛”，试图寻求“卡里斯玛”的平凡化存在。希尔斯认为“在社会中，存在着一种广泛的倾向，即将卡里斯玛的特质赋予平凡的世俗角色、制度、象征，以及人们的阶层或集合”[3]。“卡里斯玛”的平凡化或者世俗化倾向，使得“卡里斯玛”存在于社会生活的方方面面，成为社会日常生活中不可缺少的组成部分。在希尔斯之后，凯瑟琳·伯克和梅林·普林可弗认为“卡里斯玛”具有宗教的、社会学的以及现代的三种形式。宗教或精神领袖以“先验”“先知”造就的“卡里斯玛”组织属于宗教范畴；韦伯笔下由天赋的个人魅力品质及经受实践考验造就的“卡里斯玛”组织属于社会学范畴;现代的“卡里斯玛”应以韦伯理论为基础,通过科学量化的形式来具体阐释“卡里斯玛”的特质。为此,伯克和普林可弗提出了10项双变量量表具体研究不同领域的“卡里斯玛”[4]。林德荷姆则从群体心理和社会文化着手,试图通过查尔斯·曼森以及吉姆·琼斯的案例分析论证他的主张,对“卡里斯玛”的描述则从单纯的现象分析转向对现代社会的反思。在他看来,“卡里斯玛”在现代社会中不仅没有消失,反而走向兴盛,这种现象背后折射的是社会系统无力满足人们对共融需求的现实状况[3]。总之,后韦伯时代“卡里斯玛”的内涵渐趋明确、外延渐趋扩大。学者们对“卡里斯玛”平凡化的论证以及对“卡里斯玛”存在形式的不断细化,同样有助于对“魁阁”的解读。

二、“魁阁”的“卡里斯玛”特征

无独有偶。抗战期间,以费孝通为首的“魁阁”极其类似西方学者笔下的“卡里斯玛”型组织。遗憾的是,我国学术界尚未将“卡里斯玛”理论运用于对“魁阁”的解读。因此,笔者从六个方面来揭示“魁阁”所具备的“卡里斯玛”特征。

(一)“魁阁”的出现具备“卡里斯玛”产生所要求的主客观因素

在韦伯看来,“卡里斯玛”产生于社会困境或危机中,类似于中国语境下的“时势造英雄”。在社会困境中,“卡里斯玛”取决于追随者对领袖在实践考验中体现的非凡魅力的信赖,这种信赖又与追随者的强烈信仰有着密切的关系。“魁阁”在20世纪30年代的中国出现,完全具备“卡里斯玛”产生所要求的主客观因素。

首先,抗战爆发后,高校被迫纷纷南迁,西南边陲昆明迎来了大批学者,这为“卡里斯玛”型学术领袖的出现提供了可能。就“魁阁”

而言，费孝通就是其领袖人物。他以非凡的学术功底和道德品格，吸引着战火纷飞年代的学人，从而促成了被人们称道的“魁阁”的出现。

其次，“魁阁”的出现，不仅仅与“卡里斯玛”型学术领袖的出现有关，而且与战时恶劣环境中的学人普遍抱有的知识-科学救国的信仰有关。费孝通在《云南三村·序》中写道：“我当时觉得中国在抗战胜利之后还有一个更严重的问题要解决，那就是我们将建设成怎样一个国家。在抗日的战场上，我能出的力不多。但是为了解决那个更严重的问题，我有责任，用我所学到的知识，多做一些准备工作。那就是科学地去认识中国社会。”[5]换句话说，“科学地认识中国社会”和把中国“建设成怎样一个国家”的使命，成为了“魁阁”学者的普遍共识和强烈信念。

最后，在中华民族生死存亡的紧要关头，学者们普遍认识到“弦诵不绝”对中国长远发展的意义。因此，战后人才的培养和储备已经成为了爱国学者们的第一要务。事实上，“魁阁”不仅是社会学的实地调查工作站，而且也是培养新一代中国社会学者的教学研究基地。“40 年代，他（费孝通）的学生形成一个有才华、有前途的学者集团。”[6]这些年轻的学者聚集在简陋的魁星阁里，虽“物质条件很差，但艰苦的工作精神和青年人明确的工作目标，给人以深刻的印象”[6]。在经受实践考验中，“魁阁”学者凸显了强烈的文化自觉意识和躬身实践精神。

（二）“魁阁”的领袖人物具有“卡里斯玛”特质

“卡里斯玛”是魅力型领袖的人格特征，具有吸引和团结众多追随者或者信徒的卓越的智慧、力量和品质。戴维·阿什古在《费孝通传》中写道：“费孝通是头儿和灵魂……他似乎有把朝气蓬勃的青年吸引到他周围的天才……他的创造性头脑，热情、好激动的性格，鼓舞和开导他们，这是显而易见的。反过来，他们同志友爱的热情，生气勃勃的讨论，证实了他们对他的信任与爱戴。”[6]在 1940 年至 1945

年间，被吸引到“魁阁”工作站并培养他们做社会调查的共有十几个人。“魁阁”成员张之毅在解释自己加入“魁阁”的动机时说：“当我在联大快要毕业的那一年，我才认识了费孝通先生，他是到联大来带课的，立刻我对他的讲授感受到特殊的兴趣，于是我决定跟随他做研究，这是我加入魁阁的简单动机。”[7]张之毅成为“魁阁”成员的动机，一方面体现了当时费孝通作为“魁阁”灵魂人物的感召力；另一方面，费孝通作为“魁阁”灵魂人物的使命感体现在为现实抗战和未来建设寻求科学真理的出路上。为此，费孝通自称是“魁阁”的总助手，他期盼其他成员的成功，带领和鼓励他们进行创造，在短短几年内，“魁阁”成员在社会学和人类学领域取得了辉煌的学术成就。

“魁阁”的另一代表人物陶云逵也是社会学领域的传奇人物，费孝通在《物伤其类——哀云逵》中写道：“在呈贡三台山上，听吴文藻先生说起，城外有个魁阁，魁阁里有位陶先生。当时我们在山顶远远望去，在一丛松林里，隐约有个古庙。湖光山影，衬出夕阳缭乱里的归帆。找到这地方去住的，定是个不凡的人物。云逵本是个诗人，血里流着他阳湖望族爱美的性格，尽管他怎样对他天性遏制，怎样埋头在数字或逻辑里，但人静酒后，娓娓话旧时，他那种不泥于实际、富于想象、沉湎洒脱的风致，就很自然地使人忘却眼前的一切丑恶。”[8]云逵的魅力在这段描述中栩栩如生，他超凡不俗、洒脱、富于创造的品质，恰恰符合“卡里斯玛”的典型特质。

（三）非制度化体现了“卡里斯玛”型组织的制度与结构特征

“卡里斯玛”型组织没有固定的制度与结构，一切都依靠领袖和追随者的智慧相机行事。“虽然魁阁没有成文的纲领和约定，但成员彼此之间有自觉形成的共同为学术努力的信心和精神，这决定了他们做人做事的基本态度。”[7]“魁阁没有事务人员，从经营公款到购买文具，从写钢板字到用油印机都是自己动手。”[7]“魁阁”的这种反传统、反程序的倾向，具体表现为没有成文的纲领和约定，没有具体的行政管理班子，既不存在等级制度，也不依赖家族或传统的力量，因此与传统型组织和官僚体制的组织形式具有本质区别，充分体现了“卡里斯玛”在制度与结构方面的特征。

（四）经济来源符合“卡里斯玛”型组织的“非经济性”特征

“卡里斯玛”型组织依赖大规模的资助或战利品或偶尔的收益作为供应，“魁阁”亦没有稳定的收入来源，主要依靠各种形式的资助和捐款。有关“魁阁”的经费来源，阿什古在《费孝通传》中写道：“在云南时，他（费孝通）掌握一笔由英国理事会给予的庚子赔款奖学金，而他的云南研究所是由洛克菲勒基金会和中国共同创办和资助的。”[6]“洛克菲勒基金用完后，他们从农业银行、教育部及其他政府机构得些赠款。1943 年，他们的大部分经费由云南实业家缪云台领导的省经济委员会资助。”[6]“他（费孝通）请求太平洋关系学会捐一万美元，该会答应给一部分。哈佛—燕京学社提供四千美元。”[6]可见，“魁阁”与“卡里斯玛”型组织的“非经济性”特征是吻合的。

（五）“魁阁”具有迸发出革命性力量的“魁阁”学风

“卡里斯玛”型组织成员听从领袖和内心的召唤，敢于从根本上突破一切原有的规则和传统，具有强烈的革命性。以求真、进步和救国为使命的“魁阁”成员，形成了一种能够迸发出革命性力量的“魁阁”学风。“魁阁的学风是从伦敦政治经济学院人类学系传来的，特点是采用理论和实际密切结合的原则，每个研究人员都有自己的专题，到选定的社区里去进行实地调查，然后在‘席明纳’（Seminar）里进行集体讨论，个人负责编订论文。”[8]“魁阁”学者采取了与中国文人“读死书”截然不同的学问之道：第一步确定专题；第二步实地调查；第三步集体讨论。不同流派、不同见解的学者经常会因为所持观点的不同而辩论得面红耳赤，正如陶云逵评价的：“我们不是没有辩得不痛快的时候，可是我实在喜欢这种讨论会。”[7]虽有矛盾，但“魁阁”成员在研究工作中形成了合作的伙伴关系，这种关系源于其精神的相通、信仰的一致。通过集体讨论，“魁阁”成员不断否定既有的认识并在否定中寻求全新的境界，内心产生了强烈的冲突与矛盾，并在解决矛盾与冲突中达到超越。由此，“魁阁”工作站以其特有的反传统精神，在民族危亡时刻，迸发出了巨大的革命性力量，由内而外地作用于成员，改变了他们对生活环境和生活问题的态度，改变了他们的思想和行动，进而确立了全新的价值取向。

（六）“魁阁”的解体验证了“卡里斯玛”型组织的宿命

韦伯认为“卡里斯玛”型组织的产生与社会困境或危机有着密切的关联，而困境一旦变换或危机一旦消除，则意味着“卡里斯玛”型组织的终结，除非其领袖人物能够不断证明和挑战自己，不断赢得新的追随者。抗战爆发、中华民族的危机和费孝通本人的学术与人格魅力等主客观因素促成了“魁阁”的形成，而抗战胜利后，这些因素的变化最终导致了“魁阁”的解体。首先是客观环境的变化：抗战胜利，内战爆发，“魁阁”已经进行的研究被迫中断；其次是一部分学者先后离开“魁阁”，尤其是其灵魂人物费孝通的离开，直接导致了“魁阁”的解体。

三、“魁阁”的学术成就及其地位和影响

综上所述，“魁阁”具备“卡里斯玛”型组织的典型特征，将“魁阁”视为“卡里斯玛”型组织具有充分的理论和事实依据。这一结论使我们能够更加深入地揭示“魁阁”学术辉煌的深层原因，认识“魁阁”在民国学术史上的地位，领会“魁阁”在社会学和人类学研究领域的影响。

“卡里斯玛”型组织的典型特征是在一个危机四伏、险象环生的时代中，一个怀着相同理想和信念的群体，在某一具有非凡魅力的领袖人物的感召下，不拘形式，调动一切力量，向困难和危机开战，由此

焕发出强大的革命力量，取得了意想不到的巨大成就。“魁阁”正是如此。在抗战的艰苦岁月里，一批学人团结在其领袖人物费孝通的麾下，取得了令世人刮目相看的学术成就。在1940年至1945年的短短几年间，魁阁学者取得的学术成果主要有：《禄村农田》（费孝通）、《化城镇的基层行政》（谷苞）、《呈贡基层权力结构的研究》（胡庆钧）、《汉夷杂区经济》（李有义）、《昆厂劳工》（史国衡）、《个旧锡业矿工生活》（史国衡）、《云南摆夷族在历史上及现代与政府之关系》（陶云逵）、《西南部族之鸡骨卜》（陶云逵）、《大寨黑夷之宗教与图腾制》（陶云逵）、《芒市边民的摆》（田汝康）、《内地女工》（田汝康）、《祖荫下：中国乡村的亲属、人格与社会流动》（许烺光）、《易村手工业》（张之毅）、《玉村农业和商业》（张之毅）、《洱村小农经济的研究》（张之毅）等。在这些著作中，一部分当时被翻译成英文在国外出版，大部分在改革开放后经过编纂进行了重新出版。

“魁阁”在短暂而艰难的岁月中所取得的辉煌的学术成就，奠定了它在民国学术史上的崇高地位，成为后世学者效仿的精神榜样。谢泳先生在《西南联大与中国现代知识分子》一文中评价道：魁阁是“中国现代学术集团的雏形”[7]。“马·弗利德曼称他们这项工作为‘社会人类学在中国的运用’，‘可以认为在第二次世界大战之前，在北美和西欧之外，中国是世界上社会学蓬勃发展的地方，至少从这类知识分子的水平方面看是如此’。”[6]更为重要的是，在抗战爆发后国家处于危难之际，“魁阁”学者展现出了当时中国知识分子独有的爱国情怀和科学精神。一座小小的古庙背后折射的是学者群体对于科学救国的执着追求，承载的是学者群体对中国未来发展的期望。可见，“魁阁”以其卓越的学术成就在民国学术史上，以及世界社会学研究领域占有重要的地位，而具有“卡里斯玛”特质的“魁阁”精神对于中国未来学术发展的影响则具有更加深远的意义。

四、“魁阁”成功的历史经验

“魁阁”作为一个具有“卡里斯玛”特质的学术团体已经成为了历史,但是,“魁阁”艰难而辉煌的历史却给后世学者的学术之路留下了宝贵的精神财富。

(一)“魁阁”学者具有坚定的理想和信念

“魁阁”学者的坚定理想和信念就是“科学地认识中国和建设中国”。这一坚定理想和信念使他们具有一种强烈而崇高的使命感,不畏环境险恶,不计个人得失,在物质条件极差的情况下依然坚定地埋头自己的学术研究,从而取得了意想不到的辉煌成就。反观当下,学术研究的物质条件得到了极大的改善,但在功利主义、官本位思想以及市场化的强烈冲击下,学者们长时间地潜心学术研究似乎成了一种冒险行为,于是“速成式”的学术研究到处泛滥,随之而来的不是学术精神的弘扬,而是学术研究的严重异化。相比之下,“魁阁”学者的“魁阁”精神和坚定信念,无疑是当代学者应该继承和发扬的宝贵财富。

(二)“魁阁”学者具有文化自觉意识

20 世纪 30～40 年代,中国与欧美之间的学术交流,并未盲目地崇洋媚外,在借鉴西方学术理论的基础上,“魁阁”学者在特殊的战时环境中,形成了独立的学术性主体。他们不仅将西方的社会学思想引进到中国,而且还将中国的学术经验翻译成英文介绍到西方,成为国际学术界共同的精神财富。“魁阁”学者对当时中国社会现状的正确研判,并通过他们的躬身实践,使社会学在当时取得了和西方双向交流的学术话语权。因此,“魁阁”的学术研究体现了费孝通晚年提出的文化自觉意识的早期实践。

(三)“魁阁”学者具有躬身实践精神

“魁阁”学者在进行实地调查中遭遇的困难是难以想象的,如战争环境险恶、物质条件匮乏、语言交流不畅等，但他们不畏艰险和困难，仍然坚持进行躬身实践。费孝通夫妇在新婚后去广西进行实地调查，于 1935 年 12 月 16 日遭遇意外，费夫人王同惠在意外事故中牺牲，费孝通腿部受伤在医院做了两次手术，这种献身学术研究的精神深深感动了学界同仁。陶云逵年仅 40 就因贫困和积劳成疾而病逝。田汝康在访谈中曾这样描述他的田野研究工作："客居异地的孤独寂寞加上生活上的不适应使得他曾一度想过从楼上跳下去。"[8]类似的描述在研究"魁阁"的论著中还有很多。"魁阁"学者的传奇人生经历，就是对他们躬身实践精神的最佳诠释。

(四)"魁阁"具有自由、平等、开放的学风

费孝通虽然是"魁阁"的领袖人物，但他并非学阀式的学术权威，他充分尊重每个成员的学术自主权，注意营造自由、平等、开放的学术环境和氛围。具体表现在：一是甘为人梯。他对"魁阁"成员，一方面在学术上予以指导和帮助，另一方面在工作上帮助克服遇到的困难；二是尊重成员。费孝通对"魁阁"成员的具体选题不加以严格的限制，而是鼓励他们根据个人兴趣选择或发掘题材；三是平等切磋。对学术问题进行自由、平等、公开的切磋，这是"魁阁"学术精神的灵魂。如在"席明纳"里，成员可以就自己正在从事的研究向每个成员公开征求意见。相应地，每个成员都可以自由发表自己的意见，甚至尖锐的批评。费孝通作为"魁阁"的灵魂人物，在学术批评上也不例外。

参考文献：

[1] 马克斯·韦伯. 经济与社会(上卷)[G]. 林荣远，译. 北京：商务印书馆，1997.
[2] 马克斯·韦伯. 经济与社会(下卷)[G]. 林荣远，译. 北京：商务印书馆，1997.
[3] 刘琪、黄剑波. 卡里斯玛理论的发展与反思[J]. 世界宗教文化，2010(4).

[4] SANDBERG Y, MOREMAN C. Common Threads among Different Forms of Charismatic Leadership [J]. International Journal of Business and Social Science, 2011(9).
[5] 张冠生.费孝通传[M].北京：群言出版社,2000.
[6] 戴维·阿什古.费孝通传[M].董天民译.北京：时事出版社,1985.
[7] 谢泳.西南联大与中国现代知识分子[M].福州：福建教育出版社,2009.
[8] 潘乃谷、王铭铭.重归“魁阁”[M].北京：社会科学文献出版社,2005.

附录二 论西南联大教授的学者人格[①]

摘要：西南联大在中华民族危难之时，保持了中华民族“弦诵不绝”，在人才培养和学术研究等方面发挥了重要作用，堪称中外教育史上的奇迹。这种奇迹依赖于联大人的精神，而联大人的精神突出表现为联大教授的学者人格。联大教授坚守学术传统，秉持学术自由和教授治校理念，以宽容和合作态度保持的学者人格是联大精神的凝练。他们将渊博的学识与高尚的人格魅力合二为一，使传统的书斋精神与现代大学风范相结合，塑造了典型的学者人格形象。

关键词：西南联大教授；学者人格；坚守传统；学术自由；教授治校

1937 年 7 月抗日战争全面爆发。为保持中华民族“弦诵不绝”，1937 年 9 月国民政府教育部第 16696 号令宣布设立临时大学，由国立北京大学、国立清华大学、私立南开大学联合组建国立长沙临时大学。后因时局变化临时大学被迫迁往云南昆明，更名为国立西南联合大学，简称“西南联大”。西南联大前后历时 8 年，为战时和战后国家建设培养了大批精英人才。联大教授冯友兰在联大简史中将“联

---

① 本文原载《重庆科技学院学报(社会科学版)》2017 年第 3 期。

大精神”概括为4个方面：其一，联大使命与抗战相始终。其二，“同无妨异，异不害同；五色交辉，相得益彰；八音合奏，终和且平”[1]的合作精神。其三，“内树学术自由之规模，外来民主堡垒之称号”[1]的兼容并包精神。其四，南渡流离之苦辛，不十年间收复失地的感慨。这种联大精神是通过联大教授的学者人格体现出来的。正是他们在战时恶劣的环境下，在中华民族危难之时，审时度势，保住了中国的教育事业没有因战争而中断，创造了中外教育史上的奇迹。从这个意义上说，联大精神就是联大人精神，联大人精神的突出表现即联大教授的学者人格。换句话说，联大精神是联大教授学者人格的凝练，联大教授的学者人格就是联大精神，两者是合二为一的。

一、西南联大教授群体的形成

梅贻琦在就任清华大学校长的演说中提出了“所谓大学，非有大楼之谓也，乃有大师之谓也”的著名论断。大师是大学的灵魂，是大学的中流砥柱。联大教授“作为知识分子，在其谋生之外有关怀社会价值的天然倾向，就是说，他们在谋生过程中同时承担许多道义上的责任”[2]，体现了高度一致的价值取向和对学术的信念、信仰。因此，可以将他们“视为一个在经济上相对有保障、在政治上有追求、在专业上有固定方向的群体。”[2]这是因为：首先，从外部环境来看，受到新文化运动中提倡的民主和科学思想的推动，当时中国的政治文化空前活跃，在战争爆发前已经积聚了强大的学术生命力；其次，从教授自身来看，留学欧美的教授准确地把握了民主与自由的精髓，在实践中形成了公认的价值标准；最后，从经济状况来看，当时联大教授的收入足以使他们潜心自己的学术。尽管随着战争的发展，通货膨胀日益严重，联大教授的生活日渐清苦，教授及其家属不得不依赖其他的收入，包括发文换米、提篮小卖、变卖家当等，经济状况发生了改变。但是，联大教授在战时恶劣的环境中坚守学术传统的客观标准并未改变，他们的学者人格愈显可贵，至今未有超越。

从联大教授的早期教育背景来看，他们中的绝大多数人在接受西方教育之前，曾经接受了传统的中国教育，在伦理道德上仍以儒家传统文化为主。这种文化的标准是："知识分子不仅仅意味着拥有知识，而且也应该是国家道德和精神价值的体现。"[3]可见，联大教授对自身使命和任务的清晰判断与他们接受的中国传统文化是密不可分的。这种影响使他们在国家危难之际体现了异于他人的道德水准和精神价值，保持着传统的书斋精神和对国家的高度责任感及使命感。

从联大教授的留学经历来看，他们中的绝大多数人有留学欧美的经历，其中以留学美国的居多，从某种程度上反映了联大教育的美国化倾向。留学经历使联大教授在自己的专业和学科领域，倾向于西方的思维方式、研究方法，并在管理模式上准确地把握了西方现代大学制度的核心，如大学自治、学术自由等。因此，"在西南联大，教授治校、思想自由、学术自由、兼容并包，已成为公认的价值标准。"[2]这一群体在保持了中国传统文化及伦理道德的基础上，同时具备了国际视野，使当时的中国虽经历战争却大师辈出，堪称中外教育史上的奇迹。

二、西南联大教授学者人格的表现

西南联大教授这一特殊群体在特殊的战争环境下始终保持着学者人格，他们将知识与道德、学术与人格融合统一，并使传统的书斋精神与现代大学风范相结合，堪称中国大学教师学术人格发展史上的经典案例。

（一）坚守学术传统

首先，西南联大教授在发现与培养人才方面发挥了重要的作用。他们以渊博的学识和独特的人格魅力，在传授知识、培养学术兴趣与科学精神和方法、培养对国家和民族的责任感上各具特色，每个教授都有广为传颂的佳话。西南联大毕业的学生在回忆西南联大教授传授学术内容和方法时，大多认为当时的教授绝不亚于世界一流大学的教授，有的思想甚至更为深刻，对他们的影响更为深远，这也从另一个方面反映了西南联大教授的学者人格。西南联大培养了很多优秀的人才，包括杨振宁、李政道、陈省身、任之恭等自然科学家，以及何炳棣、王浩、邹谠等人文学科的知名学者。1955 年中国科学院选举 430 多名学部委员，其中近一半是西南联大毕业的学生。可见，优秀人才的培养与西南联大一流的教授和自由、民主、科学的精神是息息相关的。

其次，西南联大教授在学术研究方面发挥了重要的作用。战争并未消解西南联大教授的学术热情，如社会学、人类学研究，“马・弗利德曼称他们这项工作为‘社会人类学在中国的运用’，‘可以认为在第二次世界大战之前，在北美和西欧之外，中国是世界上社会学蓬勃发展的地方，至少从这类知识分子的水平方面看是如此’”[4]，可见当时的社会学、人类学研究达到了较高的学术水平。事实上，社会学、人类学研究是西南联大学术研究的缩影，广大教授和学者在各个学科领域均取得了显著成就：在人文社会科学领域，西南联大教授的代表著作主要有熊十力的《新唯识论语体本》、贺麟的《近代唯心论简释》、章士钊的《逻辑指要》、冯友兰的《新理学》、金岳霖的《论道》、汤用彤的《汉魏两晋南北朝佛教史》、钱穆的《国史大纲》等。在自然科学领域，20 世纪 40 年代有中国皇家学会之称的“大普集”汇集了原清华名下的农业研究所、金属研究所、无线电研究所，这 3 个研究所均有突出的学术贡献。在学术研究中，西南联大教授体现了对待学术的科学精神、严谨态度和坚定的学术信仰。

最后，西南联大教授评聘的学术标准相对严格。不论年龄、资历、权位，只问学识、品格。这种相对客观的学术标准使教授成为了大学的中心，成为了学术核心。这些教授具有充分的自信来呼吁公正、主持正义，实现教授治校。虽然“也有些人为了个人的复杂心理，做事对人不公正。但是,大体上开诚布公多于阴谋诡计,做人和做学问的风气都是好的。"[2]西南联大教授群体虽人数不多,但在20世纪30～40年代的中国,无论是在政治领域还是在文化领域都拥有话语权。因此,在当时特殊的背景下,人们心目中这种特殊的学术群体代表了国家道德与精神价值,代表了社会公正与良知。

(二)学术自由的人格与教授治校

如前所述,西南联大教授的留学经历使他们在丰富的学识基础上,准确地领会和把握了现代大学精神的核心——学术自由,认识到学术自由是保持学术生命的源泉。正如西南联大哲学系教授贺麟所言:"一个学者争取学术的自由独立和尊严,同时也就是争取他自己人格的自由和尊严……学术失掉了独立自由就等于学术丧失了它的本质和它伟大的神圣使命。"[5]西南联大学术自由的风气体现了教授们对学术传统的尊重和对学者自身人格的尊重。具体来说,首先,学术自由体现为教授可以自主选择适合自身生存的学术环境。教授群体作为特殊阶层,具有相同或相近的价值取向、精神追求、文化底蕴,掌握着高深的知识和方法,通过自由流动可以使教授群体在不断的迁徙、选择中寻找到最佳的学术环境,有利于持续挖掘教授的学术潜能,不断释放学术激情。其次,教授的学术自由体现为学术思想和成果的出版自由。在西南联大期间虽生活清苦,但教授们先后办有《当代周评》《今日评论》《战国策》等时事评论周刊,其学术思想和成果能够以文章或著作的形式出版。再次,教授的学术自由体现为教学自由。教授们讲课不是照本宣科,而是按照自己的理解讲课,学生不仅学到了学科知识,更为重要的是学到了科学思想和科学方法,"这样的'本科教学',已达到现在研究生的水平"[3]。最后,教授们较好地处理了学术自由与学术独立的关系。西南联大校园内有诸多党派,难能可贵的是各党派兼收并蓄,并未直接影响或干涉教授们的学术研究,这种状况与教授们秉持学术独立的态度有着密切的关系。总之,“大学教授在国家面临危亡的时刻所表现的吃苦、忍耐品格和理想主义精神,在西南联大中得到了完美的体现,这是自由主义精神结出的美丽花朵。”[2]学术自由成为西南联大在国家危难之际完成既定使命的关键,也是西南联大教授学者人格的具体体现。

从某种意义上讲,教授治校既是西南联大民主精神的体现,同时也为学术自由提供了制度保障。西南联大教授治校的机构是教授会和评议会,教授会和评议会决定联大的课程设置、教学管理、学生招收、教员聘请等事务,如解聘刘文典事件就是全体教授投票的结果。这一事件表明:第一,西南联大是教授治校,学校的重要决定不是某一教授的行为,而是全体教授的行为;第二,教授们重视学术名声,不允许出现因滥用学术名声而损坏公众价值准则的事情发生。教授治校的管理模式使西南联大教授们能够科学、公正地处理学校事务,在一定程度上体现了西南联大教授学者人格的魅力和道德修养的境界。

(三)合作与宽容

抗战时期,国民政府除组建西南联合大学外,还组建了西北联合大学和东南联合大学,后两所大学存在的时间不长,而西南联合大学则与全面抗战共始终。正如冯友兰在联大简史中的记载:“三校有不同之历史,各异之学风,八年之久,合作无间。”[1]三校的合作无间与三位常委有着重要的关系,“西南联大的成功‘不能不归功于教授先生的高超德行,三校传统上的宽容精神和三位特出的校长’。”[2]史称“西南联大三君子”的是原南开校长张伯苓、北大校长蒋梦麟、清华校长梅贻琦。张伯苓长期在重庆,蒋梦麟也曾经表态:“数月前在渝,孟真责我不管联大事。我说,不管者所以管也”[2],正是这种无为而治的态度在某种程度上成就了西南联大。事实上,西南联大的日常事务大多是由梅贻琦负责的,他的主要职责是:“维护校园现有的秩序与章程;维持校园生存所必须的物质支持;抵挡和消解社会因素和统治上层对校园的不利干预和危害。”[3]可以说，梅贻琦是联大实际的校长，他具有卓越的领导能力，对外利用自己的人脉、威望争取物质支持，化解不良干预；对内开创教授治校模式，坚持通才教育，坚持教学与科研相结合，在兼顾三校专业特点、教师特点、管理方式的基础上，协调校内外事务，体现了卓越的君子风范。这种君子风范在西南联大形成了特殊的合作氛围，因此教授之间也是合作多于冲突。总而言之，西南联大 8 年虽有矛盾，但总体上是合作的。

在西南联大期间，除校长、教授自身的因素使得三校合作多于冲突外，还有一个重要的因素就是三校的宽容校风。如果说教授治校是联大的管理模式，那么，宽容就是教授治校管理模式的价值体现。西南联大对各党各派的教授和学生采取了兼容并蓄的态度，形成了民主、自由的学风。在民主、自由的环境下，教授和学生获得了广阔的发展空间，这是一所大学对人的尊重、对学术尊重的文化积淀。总之，离开了宽容，西南联大不可能大师云集；离开了宽容，联大不可能培养出精英人才，创造中外教育史上的奇迹。

三、结语

西南联大教授在战时特殊的背景下始终坚守学术传统，秉持学术自由和教授治校理念，以宽容和合作的态度保持了学者人格。他们将渊博的学识与高尚的人格魅力合二为一，使传统的书斋精神与现代大学风范相结合，塑造了大学教授的学者人格形象。时移世易，虽然大学教师进行学术研究的时代背景发生了变化，但是，西南联大教授所体现的核心价值应当成为当代大学教师塑造学者人格的重要参照。

参考文献：

［1］ 西南联大《除夕副刊》. 联大八年[M]. 北京：新星出版社，2013.

[2] 谢泳. 西南联大与中国现代知识分子[M]. 福州：福建教育出版社，2009.
[3] 张曼菱. 西南联大行思录[M]. 北京：生活・读书・新知三联书店，2013.
[4] 戴维・阿什古. 费孝通传[M]. 董天民，译. 北京：时事出版社，1985.
[5] 陈平原、谢泳. 民国大学：遥想大学当年[M]. 北京：东方出版社，2012.

附录三

学术权力与行政权力的协调博弈①

摘　要：二元权力结构理论主张，大学内部权力主要由学术权力与行政权力构成。由于学术权力与行政权力在实际运行中存在着利益冲突，二者关系的处理问题一直是现代大学在维系其存在与发展过程中的重要问题，直接影响着大学的兴旺发达。值得指出的是，尽管大学内部的主要权力在运行中存在着利益冲突，但二者在基于行为信念选择一致性的基础上，通过协调与合作，打造忠诚于大学理想的文化，大学内部的权力主体能够寻求最优策略，构建学术权力与行政权力的协调博弈模型，从而推进大学的长远发展。

关键词：学术权力　行政权力　协调博弈

历经千年风雨洗礼的大学尽管面临着危机和挑战、质疑和指责，仍然在培养人才、发展科学、社会服务中发挥着不可替代的社会职能。随着大学的发展，大学内部治理结构，尤其是学术权力与行政权力的关系问题受到普遍的关注，关注的焦点从二者的冲突发展到二者的协调，非此即彼的误区产生了诸多的疑问和困惑：在学术权力与行政权力之间，权力如何界定？利益如何分配？价值如何追求？

---

① 本文原载《管理观察》2015年第19期。

规则如何制定？学术权力与行政权力的纠缠不清，致使大学在实际运行中，存在着值得深入反思的现象：诸如，学术会议中，绞尽脑汁的桌牌摆放次序；介绍词中，行政职务和代表学术造诣的职称称谓并存；更有甚者，用行政手段直接干涉学术事务的现象，比比皆是。行政权力凌驾于学术权力之上的事实，严重地削弱了大学教育性和学术性的内在属性，大学的核心价值追求受到严峻的挑战。上述现象反映的是大学内部主要权力即学术权力与行政权力的关系问题。无怪乎，阿什比发出这样的慨叹，“大学的兴旺与否取决于其内部由谁控制”。[1]

大学内部学术权力与行政权力的关系问题决定着大学的发展，将协调博弈理论应用到高等教育领域，强调的是协调博弈理论在解析二者关系上的工具价值。协调博弈存在着多重纳什均衡，其“强调参与者行为信念选择的一致性”，[2]即参与者既得利益不仅依赖自身行为策略的选择，同时依赖对方行为策略的选择，因此双方的行为信念，以及对于信念的预期在行为选择时尤其重要。学术权力与行政权力能否协调意向均衡？二者是否具有统一的行为规范？能否确立相互信任的信念？协调的结果对利益的分配会带来怎样的变化？从某种意义上讲，以协调博弈理论重新审视学术权力与行政权力的关系，构建学术权力与行政权力的协调博弈模型，分析学术权力与行政权力选择的策略情境及其利益主体之间的均衡，从而揭示大学内部权力运行机制，必将有助于完善大学的内部治理结构，推进大学的长远发展。

1. 学术权力与行政权力

1.1　学术权力、行政权力综述

国外关于学术权力和行政权力的经典研究当属加拿大学者约翰·范德格拉夫等编著的《学术权力——七国高等教育管理体制比

较》以及美国学者伯顿·克拉克所著的《高等教育系统——学术组织的跨国研究》。约翰·范德格拉夫运用组织社会学、比较政治学和公共管理学比较联邦德国、意大利、法国、瑞典、英国、美国和日本七国高等教育制度的权力结构。运用结构的等级性和决策的内聚性分析权力结构的特征，进一步研究系或讲座、学部、大学、联合大学、州政府、中央政府六级组织层次以及总规划与决策、预算与财政、招生办法与入学机会、课程与考试、高级与初级教学人员的聘任、研究的决策模式六大政策领域。

伯顿·克拉克从组织的观点阐明高等教育系统的基本要素：工作、信念、权力。克拉克认为："各种不同的群体有着自己特定的利益和信念，甚至有其自身的神话和游戏规则"，[3]因此群体、信念、利益、规则构成了法定权力模式。高等教育系统的学术权力形式表现为：扎根于学科的权力、院校权力以及系统权力；扎根于学科的权力具体表现为个人统治、学院式统治、行会权力、专业权力；院校权力具体表现为董事权力、官僚权力；系统权力具体表现为政府权力、政治权力、全系统学术权威人士权力，各种形式的权力在高等教育系统中构成了错综复杂的权力网络全景图。在分析各国权力分配的模式时，克拉克抓住了权力结合模式的基本特征，即学术权力和行政权力在大学中是如何分配的，谁在大学中占统治地位，概括出四种权力结合模式：大陆型模式、英国模式、美国模式以及日本模式。

克拉克从广义的范畴对学术权力加以理解，在他看来，学术权力即高等教育管理中各个层次的管理机构和人员所享有的权力。因此，王世权、刘桂秋认为：西方学者关于大学学术权力和行政权力的模糊界定，取决于二者关系的定位，行政权力是大学发展过程中由学术权力衍生的，行政权力服务并服从于学术权力，行政权力的服从与服务性质，使得权力的运行秉承"大学术、小行政"的理念，符合学术权力与行政权力的价值逻辑。[4]

国内关于学术权力与行政权力的研究最早始于20世纪90年代,并逐年上升成为热点研究问题。相比国外研究,国内研究则以学术权力和行政权力的概念为起点,注重基础理论研究,从不同视角阐释学术权力和行政权力。目前,学者关于学术权力的典型界定大致分为三种:第一种界定强调学术权力主体,将学术权力理解为学术人员和学术组织所拥有和控制的权力。第二种界定强调学术和学科能力,将学术权力理解为学术权威,即真正的学术权力是学术权威的学术地位和学术成就及影响形成的学术魅力。第三种界定强调学术权力客体,将学术权力理解为管理学术事务的权力。厦门大学别敦荣教授认为:"就学理而言,学术权力指管理学术事务的权力。其主体,即权力的掌握者或行使者,可以是教师民主管理机构或教师,也可以是学校行政管理机构或行政管理人员,还可以是政府及其高等教育管理部门等;其客体,即权力的作用对象,必定是学术事务,其作用方式,可以是行政命令式的,也可以是民主协商式的。"[5]

学者关于行政权力的典型界定大致分为以下三种:第一种依据行政权力的行为主体,认为行政权力是指行政人员和行政机构所拥有的保障大学理想实现的权力。第二种依据制度的赋予,认为行政权力的大小取决于行政组织在整个管理系统中的位置和层次,行政权力产生于正式的组织和制度,并依赖组织的任命。第三种依据行政管理职能,以行政管理体制作为基础的法定权力,认为行政权力是行政组织机构和行政人员所行使的权利。

纵观国内学者关于大学学术权力和行政权力的概念界定,背后折射的是中国语境下学术权力和行政权力的关系,行政权力的强势和泛化,导致学术权力成为行政权力的附庸,丧失了决策学术事务的独立话语权,行政权力取代学术权力的现象反映的是"大行政、小学术"的价值逻辑。[6]

1.2 学术权力、行政权力的逻辑起点

阿什比在论及大学的理想时指出,大学是遗传与环境的产物。时至今日,大学的发展依旧秉承两条脉络:其一,大学自身内部发展的逻辑;其二,作为社会环境子系统发展的需要。具有现代意义的大学自诞生之日起,就是“控制高深知识和方法的社会机构”,[7]大学加工的基本材料高深知识不同于于其它社会组织,“这些知识有着内在的逻辑性和内在的自主性倾向”。[8]根据知识材料随之而来的是学科和专业的分化,教授是专业和学科领域中从事教学和研究的专家、学者,他们的工作与学科和专业的发展密不可分,是学术事务、学术活动中最有资格、最具权威的人。学术权力是大学维系其存在和发展的内在逻辑的要求,保证了学术组织、学术人员、学术专业服从于真理的标准,而不受外界诸如国家、政府、市场的利益所驱使,避免了大学因迷恋政治权力、行政权力、自由市场而沦为权力、金钱、市场的附庸。

自由与自治体现了学术权力的价值取向,但是缺乏约束的权力会盲目膨胀,致使学术陷于门户和宗派之争。同时,随着大学组织内、外部环境的不断变化,大学日益繁杂的行政事务需要具有“效率为先”价值取向的行政机构行使行政权力进行管理与决策。行政机构和行政权力的出现恰恰体现了大学作为社会环境子系统的特性。但是,现实的发展却超乎了人们臆想的局面,行政权力以其绝对的优势不仅管理和决策行政事务,甚至以其拥有的权力干预学术事务,行政权力超越了既定的权限,甚至与大学成长的内在逻辑产生冲突,自由与自治精神渐行渐远,违背了大学精神与科学理想的初衷。由此可见,“任何权力都有局限性,权力的无度和滥用必然导致权力的异化,导致失误和混乱。”[9]基于此,大学内部学术权力和行政权力以其特有的信念与规则,代表着各自不同的利益,配置资源、调控信息、选取策略,形成了完整的协调博弈主体。

2. 构建学术权力与行政权力的协调博弈模型

建构合理、高效的大学内部权力利益协调、资源分配及补偿机制，寻求行为信念选择一致的多重均衡点是大学内部权力协调博弈模型构建的关键。纳什对于多人博弈中的均衡点理解为：在其他博弈参与者策略不变的情况下，每个参与者的混合策略都将最大化其自身利益。通俗地讲，在博弈中至少存在着这样的策略组合，参与者任何一方如果要改变策略，都将会获得更差的结果。因此，萨缪尔·鲍尔斯认为，纳什均衡"是一种在其他人的状态给定的条件下，每个人都尽其所能，做到最好"[10]。"均衡表明事物处于平衡和稳定状态。而稳定性恰恰是了解很多自然过程的核心概念。生物系统、化学和物理系统，甚至社会系统，无不在寻求稳态。"[11]大学的内部权力正是在均衡、打破均衡、寻求进一步均衡的过程中持续存在和发展的。确定学术权力和行政权力如何在学术事务和行政事务的决策、执行中达到均衡可以预判大学的发展趋势，以至影响大学的兴旺发达。

以交通博弈为例，支付矩阵如表1：

	左行	右行
左行	3,3	0,0
右行	0,0	3,3

表1

路人甲、路人乙相向而行，假设甲乙二人同时左行或者同时右行，那么甲乙二人各行其道，保证了通行秩序，各获得3个单位支付；假设甲乙二人一个选择左行，另一个选择右行，行进中可能相碰，各获得0个单位支付。该矩阵中存在：同时左行、同时右行的两个纯策略纳什均衡、以及左行和右行各占 50%的混合策略纳什均衡。在协调博弈中,参与者双方只要就策略的选取进行协调,不论是选择左行的策略 A 或是选择右行的策略 B,协调的结果总是最佳的。

在大学内部权力的协调博弈中,如果学术权力与行政权力参与者均相信某个特定的均衡,同时相信对方也相信这个特定的均衡,那么这个特定的均衡发生;反之,如果信念不同,对另一方的信念的信念预期也不同,博弈的结果则会出现偏差。可见,学术权力与行政权力策略选择一致的情况下,可以获得最大利益,即最大利益来自于双方的协调而不是冲突。例如在资源有限的前提下,以学科建设为例,权力主体就优势学科和一般学科建设进行决策,他们的选择是:加强优势学科建设;或者扶持一般学科建设。假设优势学科建设与一般学科对于大学的发展各带来 10 单位的支付,那么支付矩阵如表 2:

	优势学科	一般学科
优势学科	10,10	0,0
一般学科	0,0	10,10

表 2

在该矩阵中同样存在优势学科、优势学科,一般学科、一般学科的两个纯策略纳什均衡,以及优势学科和一般学科各占 50%的混合策略纳什均衡。如果双方均选择加强优势学科建设或扶持一般学科建设,对于大学相应的学科发展尤为有利。当然也可能会出现一方支持优势学科建设,一方支持一般学科建设的情况,导致无果而终。当利益双方发生冲突时,权力主体只要就优势学科建设还是一般学科建设进行协调,相信选择优势学科建设与一般学科建设的最佳策略更容易形成纳什均衡,但不论是加强优势学科还是扶持一般学科,协调的结果对于大学的发展都是有利的。

大学事务中存在着广泛的类似的协调博弈。在有限的学术资源配置过程中，如果利益双方存在冲突，就要设法进行协调。协调过程中，参与双方就利益群体不同的信念、规则而作出相应的行为选择，协调成功或者失败依赖具体的博弈环境。在学术权力和行政权力处理大学事务时，构建协调博弈模型如表 3：

学术权力 \ 行政权力	策略 A	策略 B
策略 A	合作	危机
策略 B	危机	合作

表 3

在该矩阵中可以清晰地看到学术权力和行政权力的协调博弈。尽管存在策略 A、策略 A，策略 B、策略 B 的两个纯策略纳什均衡，以及策略 A 和策略 B 各占 50%的混合策略纳什均衡，但是通过协调，学术权力与行政权力确立相同的行为选择信念，协调的结果是同时选择策略 A 或策略 B 的最佳方案，策略的一致使双方获得最大利益，最终有利于大学事务的决策与执行。

3. 构建学术权力与行政权力协调博弈模型的条件

3.1　协调与信念

大学兴旺发达符合大学发展的长远利益，构建学术权力与行政权力的协调博弈模型，信念是形成特定均衡的重要条件。行为信念选择一致才能达成均衡，或者理解为为了达成均衡，权力双方彼此要求对对方的信念形成信念。在上述学术权力和行政权力处理决策事务的协调博弈中，学术权力可能选择策略 A、可能选择策略 B，同理行政权力亦然，这样就形成了复杂的局面，而解决复杂局面的关键即形成这样的信念：学术权力和行政权力博弈双方均相信策略A或策略B有利于大学的发展，同时相信对方也同时选取策略A或策略B。信念相同，同时对另一方信念的预期亦相同，才能获得最大的利益收益。

在囚徒困境博弈和猎鹿博弈中，博弈双方都在追求利益的最大化，但结果却出人意料，为什么会出现双方视最大利益不顾，而选取了另外的策略呢？实际的情况是缺乏沟通、协调。协调是形成一致的行为信念的关键。在学术权力和行政权力协调博弈模型中，如果没有协调，学术权力和行政权力选择策略A或策略B时，考虑的是自身利益，利益与参与者的直接关联可能导致博弈的危机。而通过协调促使双方行为信念趋于一致，最终会形成合作的博弈结果。

3.2 合作与忠诚

大学的学术权力与行政权力各有其存在与发展的逻辑基础，而双方的合作有利于大学的长远发展，通过协调获得的双方的行为信念的一致性，已经为合作创造了条件。同时，在协调共存体系中，学术权力和行政权力的博弈重复进行，博弈双方不得不考虑此次行为策略的选择是否会影响下一阶段博弈的结果。换句话说，重复博弈的存在使得博弈双方不得不考虑双方的长期利益，而不是一次性的即时利益。因此，采取合作而不是对抗，必要时舍弃短期利益，恰恰体现了双方的长期利益，即合作则双赢。

合作引发了学术权力和行政权力的重新审视：学术权力和行政权力在群体、信念、利益、规则方面存在着很大的差异性，但基于大学理想，学术权力和行政权力博弈双方有必要也可能打造有利于大学发展的忠诚文化。根据上述学术权力与行政权力的协调博弈模型的分析，博弈双方追求自身即时利益造成危机的可能性是存在的，通过协调形成行为信念一致的出发点，是大学发展的长期利益。可见，学术权力和行政权力在博弈过程中，忠诚大学理想的文化是最终形成选取纯策略 A 或策略 B 的有效法则。

4. 结语

综上所述，大学内部学术权力与行政权力各有其存在和发展的必要性和必然性，事实证明，试图抵制任何一方在大学中的发展都是不可取的。因此，在学术权力与行政权力共存的体制下，大学内部学术权力与行政权力协调博弈模型的构建，必将有助于理清学术权力与行政权力的关系，完善大学内部的治理结构。通过博弈双方即学术权力与行政权力的协调与合作，确立行为信念选择的一致性，打造忠诚于大学理想的文化，最终服务于大学的长远发展。

参考文献：

[1][3][7][8] 伯顿·R. 克拉克. 高等教育系统——学术组织的跨国研究[M]. 王承绪、徐辉、殷企平、蒋恒　译. 杭州：杭州大学出版社，1994. 4：17，120，11，16.

[2] 小约瑟夫·哈林顿. 哈林顿博弈论[M]. 韩玲、李强　译. 北京：中国人民大学出版社，2012. 2：58.

[4][6] 王世权、刘桂秋. 大学治理中的行政权力：价值逻辑、中国语境与治理边界[J]. 清华大学教育研究，2012，(4)：100—106

[5] 别敦荣. 学术管理、学术权力等概念释义[J]清华大学教育研究，2000(2)：47.

[9] 潘懋元. 多学科观点的高等教育研究[M]. 上海：上海教育出版社，2001. 9：295

[10] 转引自汤姆·齐格弗里德. 纳什均衡与博弈论——纳什博弈论及对自然法则的研究[M]. 洪雷、陈玮、彭工　译. 北京：化学工业出版社，2009. 11：41

[11] 汤姆·齐格弗里德. 纳什均衡与博弈论——纳什博弈论及对自然法则的研究[M]. 洪雷、陈玮、彭工　译. 北京：化学工业出版社，2009. 11：40

图书在版编目(CIP)数据

当代中国大学教师学术人格研究/刘晨光著. —上海:上海三联书店,2018.3

ISBN 978-7-5426-6179-1

Ⅰ.①当… Ⅱ.①刘… Ⅲ.①高等学校-教师-学术研究-道德规范-研究-中国 Ⅳ.①G644

中国版本图书馆 CIP 数据核字(2017)第 324252 号

当代中国大学教师学术人格研究

著　　者 / 刘晨光

责任编辑 / 殷亚平
装帧设计 / 一本好书
监　　制 / 姚　军
责任校对 / 张大伟

出版发行 / 上海三联书店
(201199)中国上海市都市路 4855 号 2 座 10 楼
邮购电话 / 021-22895557
印　　刷 / 上海惠敦科技印务有限公司

版　　次 / 2018 年 3 月第 1 版
印　　次 / 2018 年 3 月第 1 次印刷
开　　本 / 890×1240　1/32
字　　数 / 250 千字
印　　张 / 5.75
书　　号 / ISBN 978-7-5426-6179-1/G·1480
定　　价 / 48.00 元

敬启读者,如发现本书有印装质量问题,请与印刷厂联系 021-63779028